A Grande Virada

50 REGRAS DE OURO PARA
DAR A VOLTA POR CIMA

CARO LEITOR,

Queremos saber sua opinião sobre nossos livros.

Após sua leitura, acesse nosso *site* (www.editoragente.com.br),

cadastre-se e contribua com sugestões, críticas ou elogios.

Boa leitura!

José Luiz **TEJON**

A Grande Virada

50 REGRAS DE OURO PARA DAR A VOLTA POR CIMA

Gente editora

Editora
Rosely M. Boschini

Coordenação editorial
Fernando Fernandes

Assistência editorial
Rosângela Barbosa

Produção
André Medella

Preparação
Alexandra Costa

Capa
Editora Gente

Foto de capa
Getty Images

Fotos de miolo
Dreamstime.com e Purestockx

Projeto gráfico
Neide Siqueira

Editoração
Join Bureau

Revisão
Miriam de Carvalho Abões

Rua Pedro Soares de Almeida, 114
São Paulo, SP – CEP 05029-030
Telefone: (11) 3670-2500
Site: http://www.editoragente.com.br
E-mail: gente@editoragente.com.br

Dados Internacionais de Catalogação na Publicação (CIP)
(Câmara Brasileira do Livro, SP, Brasil)

Tejon, José Luiz
A grande virada : 50 regras de ouro para dar a volta por cima / José Luiz Tejon – São Paulo : Editora Gente, 2008.

Bibliografia.
ISBN 978-85-7312-614-3

1. Auto-realização (Psicologia) 2. Fracasso (Psicologia) 3. Sucesso – Aspectos psicológicos I. Título.

08-06977 CDD-158.1

Índices para catálogo sistemático:

1. Fracasso : Psicologia aplicada 158.1
2. Sucesso : Psicologia aplicada 158.1

Dedico este livro aos trabalhadores, pela evolução humana e da consciência no planeta Terra.

Aos amigos, parentes de sempre, e aos colaboradores da TCA-Internacional.

Ao Dinossauros Rock Band e *rock-bar*.

Às cidades onde vivi – Santos, Pompéia e São Paulo – e ao meu país – Brasil.

À Itália, que recebe meus filhos; a Portugal, que aprendi a amar; e às Astúrias, na Espanha, onde fui concebido.

À Luciana, criança do agora, que eterna criança seja.

À Anna, a nova luz.

A "Luces", para o amor Karina.

E ao brasileiro Machado de Assis, que nos abençoou com a melhor síntese sobre o sentido da vida:

"A ARTE DE VIVER CONSISTE EM TIRAR O MAIOR BEM DO MAIOR MAL."

Agradecimentos

Agradeço à equipe da Editora Gente, à Edmea Urbano Sanchez, ao irmão, amigo e inspirador Roberto Shinyashiki e à Ana Purchio.

Sumário

PREFÁCIO

Uma criança iniciou a virada de sua vida aos 4 anos de idade pela força do destino, e o seu exemplo vem influenciando milhares de pessoas por décadas, inclusive a mim, um ex(mas sempre)-pianista e atual maestro.

No entanto, a virada de José Luiz Tejon necessitava tornar-se *a grande virada*, e isso finalmente acontece neste excepcional livro, no qual as cinqüenta regras de ouro para dar a volta por cima servem tanto para empresas como para pessoas.

Imediatamente me apaixonei por essas cinqüenta regras, pois, sem naturalidade e humildade, é impossível para qualquer pessoa sair da famosa zona de conforto, que costumo comparar a uma vela que aos poucos vai se extinguindo. É nesse momento que podemos colocar à prova nossa capacidade de superação e medir até que ponto estamos determinados a atingir nossos objetivos e cumprir a missão à qual nos propusemos.

Como é importante refletirmos se estamos dando chance ao acaso, com quem andamos, para quem somos importantes, se temos a exata noção do que significa superação e a sua importância em nossas vidas! Como é importante não esquecermos a criança que fomos e que continuamos a ser!

Enfim, com este livro, Tejon solidifica o legado que deverá deixar não só para a nossa, mas também para futuras gerações.

Com humildade reconstruí minha vida aos 64 anos de idade, quando fui avisado pelos médicos de que havia perdido definitivamente o movimento de ambas as mãos. Entrei, então, em uma faculdade para estudar regência, e hoje, aos 68 anos, passo pelo melhor momento da minha vida como maestro, fazendo música com a maior dignidade, e me preocupando apaixonadamente, como nunca fiz antes, com a minha responsabilidade socioambiental.

Lamento que *A grande virada* não tenha sido escrito há quatro anos, pois se assim o tivesse sido, tenho certeza de que teria superado os desafios que a vida me impôs de maneira muito mais suave.

João Carlos Martins
Maestro

Apresentação

Mude antes que a vida o obrigue a mudar.

Essa nova ordem é imperativa em um planeta onde pneus passam a ter *chips* para monitoramento, bois são rastreados, quatro bilhões de celulares devem chegar ao mercado nos próximos anos, empresas clonam touros, cavalos, cachorros e gatos, e onde o índio Almir Surui, usando o Google Maps, vira celebridade global na luta contra o desmatamento.

No mundo atual, mudar é simplesmente a única forma possível de viver e é por isso que este livro não se destina apenas a quem precisa superar acidentes, tragédias, doenças e separações.

Fazer a virada na vida é o drible, a criatividade. Peter Drucker, o maior guru da administração no século XX, já afirmava que a grande revolução no mundo não será a nanotecnologia, a engenharia genética ou a regeneração do meio ambiente, mas a capacidade humana de mudar e reprogramar o próprio cérebro ao longo do século XXI.

Fazer a virada na vida significa ser mais ágil e versátil, pois velocidade é o nome do jogo e versatilidade é a regra. Vestir e desvestir novos papéis na vida é a estratégia vencedora.

Dá para ver isso no mercado de trabalho. Sabe qual a maior dificuldade para encontrar profissionais no mercado hoje? Em pesquisa da DBM, uma das maiores consultorias em recursos humanos do país, 68% dos entrevistados afirmaram que a falta de experiência profissional e de conhecimento técnico e a falta de capacidade de lidar com um mercado cada vez mais veloz são as principais deficiências nos profissionais.

Saber se adaptar a esse mundo veloz, superar obstáculos e dar a volta por cima são uma constante tanto na sua como na minha vida.

E olha que isso já era definido pelo pai da teoria da evolução, Charles Darwin: "os seres que sobrevivem não são os mais fortes, mas os que se adaptam mais velozmente às mudanças".

Vivemos num planeta do "vira-vira". O economista Joseph Schumpter afirmava: "No capitalismo, vive-se em meio a um vendaval de destruição criativa. A vida do antigo é encurtada e o novo é construído rapidamente. Isso vale para empresas, profissionais e para pessoas de todas as idades".

Mas para dar *a grande virada* é preciso assumir o controle da sua vida, do seu negócio, da sua empreitada. O que sabemos é que os melhores líderes nunca culpam fatores externos pelo seus fracassos ou seus sucessos. "Eles olham para o espelho e dizem: somos responsáveis pelos nossos resultados", afirma Jim Collins, o mais conhecido pensador da gestão atual.

Já falamos na necessidade de mudar e de assumir o controle da própria vida, mas quem é o seu inimigo público número 1 nos dias atuais? Senhoras e senhores, eu o apresento a vocês: *a zona de conforto*. O maior perigo atualmente é você parar de caminhar por acreditar que já chegou lá!

Você tem de se apegar ao espírito da virada que vai permitir a você mudar sempre e não estagnar na zona de conforto. Mas onde você encontra o espírito da virada e da volta por cima o tempo todo? Dentro de você, por meio do resgate da sua criança interior.

Dar *a grande virada* é sinônimo de conservar a sensação de juventude. Mantenha dentro de si a imagem da criança que você foi e cuide para que essa criança sempre faça parte do que você é hoje e do que você está fazendo.

1 Introdução

Alex Brosa

"O futuro fica em cima do futuro
e não embaixo do passado."

"Não tenho medo do futuro,
desde que ele me venha
pela frente!"

CORISCO

A grande virada é a superação das superações em uma única frase.

Como é o processo de dar a volta por cima? Preste atenção no universo. Fique ligado nas forças da realidade. Com quem você anda, quem você escuta?

Certa vez, em um almoço com um amigo especial, que muito admiro, o Rodrigo Mesquita, criador da Agência Estado, a mais importante e moderna iniciativa do jornalismo brasileiro, conversávamos sobre os momentos desafiadores, de quem vive "situações sem volta", casos de vida ou morte, mudanças que pesam para valer na vida de uma pessoa.

No meio da conversa, Rodrigo mencionou duas pérolas que definem a vida humana real, rude, simples, vira-lata e cangaceira: são as frases que abrem esta introdução.

Essas são as frases que adoto como a síntese do que deveríamos escrever nas paredes dos lugares que nos envolvem e são as mesmas que Rodrigo Mesquita escolheu para ser a lembrança permanente dos seus empreendimentos.

São frases que nos ajudam a superar dúvidas, incertezas, recaídas; que debelam a vontade de parar no meio do caminho e o medo de ir ao encontro do futuro, para ficar protegido pelo passado.

Para dar *a grande virada*, superar crises, é preciso muito apoio técnico, gente boa à nossa volta. Mas nessa virada reside uma essência que somente você poderá acessar; o núcleo, o eixo de tudo, o ponto de apoio da alavanca da transformação: a fé. A fé com a qual você acredita que é capaz. Fé aqui como sinônimo de ausência total de dúvida sobre o centro do universo, sobre o centro da sua vida. A verdade absoluta.

Para superar tudo que for necessário, precisamos assinar um compromisso irrevogável com o futuro. Depois, é só ir colocando o presente a serviço dessa causa e vivenciá-lo intensamente a cada segundo.

A frase que sintetiza esse movimento, essa vontade verdadeira, é perfeitamente definida em "O futuro fica em cima do futuro e não embaixo do passado". Dentre todas as mensagens possíveis, é com essa que desejo marcar este livro.

Não tema o futuro, pegue-o pela frente. Ser pego de costas por ele é o que você deve temer.

Perder o medo do futuro, desde que ele nos venha pela frente, envolve espantar a possibilidade de nos acomodarmos e de entrar na zona de conforto paralisante.

"Toda vez que converso com um intelectual, fico com a certeza de que a felicidade não é mais do que uma possibilidade da vida. Quando converso com meu jardineiro, convenço-me do contrário."

BERTRAND RUSSEL

2 QUEM É VOCÊ?

Alexander Yakovlev

"O valor das coisas não está no tempo que elas duram, mas na intensidade com que acontecem. Por isso existem momentos inesquecíveis, coisas inexplicáveis e pessoas incomparáveis."

FERNANDO SABINO

Somos passageiros da passagem. A passagem é a nossa curtíssima experiência no planeta Terra. No jogo da vida não tem intervalo e o relógio não pára.

O mérito de um grandioso trabalho, envolto em fama, não é maior do que o de um anônimo e aparentemente pequeno trabalho. Não sabemos quanto de um aparentemente despretensioso e insignificante trabalho interfere ou resulta numa gigantesca contribuição para a humanidade.

Portanto, *a grande virada* é a tomada de consciência da nossa obrigação com o crescimento do nosso coração, da nossa intelectualidade e do nosso espírito. É a sensatez de fazer de toda e qualquer oportunidade que a realidade nos ofereça um ótimo e belo motivo para aprender mais.

A fé criadora e a certeza de que somos co-criadores dos nossos destinos e do destino de toda a raça humana são a fonte-matriz da superação de todas as superações: *a grande virada.*

As maiores de todas as viradas são as que os não necessitados fazem para elevar-se pelo amor, pelo prazer, pela alegria e pela felicidade. A superação na dor é necessária, uma vez que a própria dor nos empurra para ela. Já a superação no amor exige evolução da consciência.

A passagem é rápida, plena de desafios, curvas, armadilhas, tentações, mas também encantadora, alegre, gostosa e rica.

A grande virada é um plano de educação. E não estamos sós, pois somos o resultado dos relacionamentos humanos que cultivamos na vida. Tanto mais cresceremos quanto mais proveito tirarmos dos conflitos e dos beijos da realidade.

É preciso ter coragem para não querer afastar da nossa vida o pequeno cálice das nossas obrigações, direitos, deveres, dores, prazeres, incompreensões, erros e acertos.

Estamos de passagem. A nossa única certeza superior, a fonte de todo progresso, é o amor libertador.

Aos passageiros da passagem – eu, você e aqueles que amamos –, desejo que o acaso nos proteja quando andarmos distraídos.

Superar, no século XXI, é muito mais fácil do que antes – e existem novas regras para dar a volta por cima.

> "As boas idéias vêm do inconsciente. Para que uma idéia seja relevante, o inconsciente precisa estar bem informado."
>
> DAVID OGILVY, PUBLICITÁRIO

Almir Surui é o líder indígena da tribo dos Surui. Esse povo, composto por apenas 1 200 índios, vive em Rondônia. A pedido dele, o Google passou a mostrar, via satélite, por meio do Google Earth, o desmatamento da floresta amazônica em volta de sua aldeia.

Almir Surui, por meio das novas mídias e tecnologias e da sua capacidade de comunicação, está dando a volta por cima de maneira revolucionária e única na história, chamando a atenção para a causa do seu povo e do planeta.

Isso mostra que existem novas leis na arte da superação em todos os âmbitos da vida. O mundo mudou. Já estamos chegando aos quatro bilhões de celulares. A internet liga tudo a todos. A globalização chegou e o menor lugar do planeta ganhou visibilidade mundial. Uma tribo de índios do Amazonas preserva a floresta, cultivando essências especiais e dá a volta por cima na melhoria da sua qualidade de vida. As organizações passam a respeitar o meio ambiente e a promover a responsabilidade social.

Isso gera muitas oportunidades diferentes nos tempos modernos. Porém, existe mais pressão, exigem-se mais estudo e habilidades, surgem trabalhos diferentes.

Pessoas com deficiências físicas recebem tratamento e maior amparo, de forma a ter uma vida mais digna. Novos postos de trabalho são criados, como o de operador de relacionamentos nas mídias sociais e interativas. As pessoas podem trabalhar em suas casas, em seus computadores. Aposentados rejuvenescem com serviços inovadores, atendendo *call centers* em diversas partes do mundo.

O mundo mudou e continua mudando em altíssima velocidade. Mas essa velocidade cria novos riscos. Somente no estado de São Paulo, o Corpo de Bombeiros atende a cerca de uma ocorrência por minuto. A cada quinze minutos um motociclista sofre um acidente de trânsito.

Cresce o terrorismo e também o crime, seja da elite, da rua ou de alta tecnologia. O maior concorrente das empresas éticas não são outras empresas do mesmo caráter, mas as ilegais. Um motorista de táxi que me levava pelo

Rio de Janeiro disse: "No passado, a questão era entre bandido e polícia, agora é entre facção de bandido contra as outras facções e mais a polícia... e a milícia...".

A superação tornou-se mais complexa e sofisticada. Superar hoje não é como era no passado. É mais fácil ou mais difícil? Tudo depende de cada um de nós. Da nossa visão e compreensão do mundo que nos cerca. Se precisamos de novas leis para viver no agora e no futuro próximo, temas tão antigos como o amor, a solidariedade, a compaixão e o altruísmo estão mais vivos e são mais importantes do que nunca.

> A única certeza que nos resta é a de que um ser humano apaixonado, caminhando no rumo certo, torna-se imbatível.

Enquanto a ciência e a tecnologia nos ajudam, a confusão provocada por um fluxo tão grande de informações, e a Torre de Babel que dela se forma, nos desorientam.

Ao longo da vida vamos rapidamente perceber que é impossível darmos *as grandes viradas* sozinhos. Por isso as pessoas que ajudam e influenciam outras pessoas a superar as limitações pelas quais estejam passando são tão espetaculares. Esses "ajudantes de superação" são essenciais.

Após ter recebido ajuda e força de centenas de pessoas na minha vida, fiz minha a missão de ajudar os outros nas suas jornadas de superação. E essa é também a missão deste livro.

Quero instigá-lo a não aceitar a derrota da vida. Quero instigá-lo a não parar nunca. E peço que você coloque todo o seu talento e energia na *grande virada*, e assim obtenha resultados com virtude (disposição firme e constante para a prática do bem): "Tirar o maior bem do maior mal", como disse Machado de Assis. Fora da virtude, toda esperteza, genialidade, riqueza e poder transformam-se em veneno. É como se estivéssemos construindo nossa casa dentro de uma câmara de gás.

Quero acalmar seu espírito, apresentar-lhe caminhos que façam sentido, oferecer-lhe significados que toquem seu coração, e com isso incentivá-lo a focar seu pensamento na criação da sua razão de viver. Esses são os compromissos deste livro.

Em especial, quero orientar adultos, mentores, pais e educadores sobre o fato de que a formação de crianças preparadas desde cedo para *as pequenas viradas* dentro do seu universo infantil é a forma mais saudável para construir adultos prontos para *as grandes viradas* no mundo. Uma grande virada é a colheita de pequenas viradas. Isso começa no berço e não pára nunca. Luciana, minha filha, quando tinha 6 anos, participou de uma competição de natação no Parque do Ibirapuera, em São Paulo. Menor do que todas as outras crianças, chegou em último. Todos já estavam do outro lado da piscina e ela ainda na metade. Os juízes esperavam pacientemente. Quando chegou e saiu da piscina, o público irrompeu em aplausos, encantados por, mesmo sendo tão pequena, ter concluído a prova.

Ela ganhou medalhas em outras competições, mas jamais se esqueceu desse dia.

A sua primeira *pequena virada* nas piscinas da vida!

Minha experiência real de vida é um servidor humilde à sua disposição, leitor. Por meio das superações, transformações e voltas por cima que vivi e da observação das vivências dos outros, ofereço-lhe, neste livro, a oportunidade de observar êxitos e fracassos para, a partir deles, você rever os seus passos. Ao sentir as dores que se identificam com as suas, refletirá sobre elas, curando-as. Perceberá também que existem muitas voltas na vida que amplificam os prazeres, a alegria e a autoconfiança, quando substituímos o medo pela coragem de dominar esse medo. Verá a potência do amor invadindo sua vida nas voltas e giros incessantes da dinâmica de viver.

Todos são constantemente convidados a dar *grandes viradas* nesta vida. Infelizmente, nem todos conseguem.

Será que é fácil superar quaisquer situações? Não. Mas não existe nada impossível. Deixe-me contar um pouco da minha história, para você entender melhor o que quero dizer:

Eu não devia ter nascido. Minha mãe já havia tido outros quatro filhos antes de mim, como mãe solteira. Ela fugiu do seu país, grávida, sozinha, para que eu pudesse nascer. Não conseguiu recursos para me criar. Faleceu logo em seguida. Fui adotado. Aos 4 anos de idade sofri uma grave queimadura que me deixou à beira da morte. Somente um milagre me salvaria. O milagre veio, mas passei os primeiros catorze anos da minha infância e juventude semi-internado em hospitais públicos.

Foi impossível estudar em bons colégios, impossível conviver com a realidade das ruas. Tudo indicava que seria impossível namorar, casar, ter filhos, bem como crescer e ser admirado como um grande profissional. Seria dificílimo e impensável trabalhar apresentando-me em público com todas as cicatrizes que resultaram do acidente.

Seria inimaginável assumir a alta direção de grandes empresas, fazer mestrado, ser presidente de entidades, dar aulas de pós-graduação nas melhores escolas do país. Seria inconcebível obter reconhecimento no exterior e tomar atitudes decisivas como presidente de empresas e entidades.

Seria impossível, mas tudo isso aconteceu, numa espetacular série de voltas por cima. Para mim, *a grande virada* vem desde a concepção e seguirá para sempre. E saiba, nos momentos mais críticos das grandes negociações empresariais, foram os valores e as experiências da infância que mais valeram. História real de vida faz bem. Não tema. Vá fundo na sua.

Os segredos das voltas por cima são muitos. A fórmula que você vai usar será a sua receita pessoal. Os cinqüenta ingredientes necessários para isso serão apresentados aqui. O que passo para você é o caldo de experiências reais, análises históricas, estudos e pesquisas. As cinqüenta regras de ouro é o melhor que posso dedicar para a sua vida, aqui e agora.

Não se trata de teoria, de ouvir dizer, mas de algo real.

Mas vamos ver qual é o seu problema, quem é você, o que você já passou ou está passando.

- Você já quase perdeu a vida e renasceu?
- Você já perdeu tudo e recomeçou?
- Você já se viu rejeitado e humilhado e resgatou sua dignidade?
- Você já decidiu sozinho, contra tudo e todos, e venceu?
- Você já colocou seu emprego em risco por não concordar com a decisão dos seus superiores?
- Você já se sentiu o último dos seres, mas teve amor-próprio para seguir em frente?
- Você já ocupou os mais altos cargos, com todo o poder à sua disposição, e decidiu que era a hora de sair?
- Você já lutou por amor, a ponto de orgulhar-se disso para sempre?

Eu já passei por todas essas situações. Se o mesmo vale para você, você tem guardado dentro de si o código das viradas. Nessas ou em outras situações.

Não sei o que você está passando agora. Só sei que, seja o que for, nós vamos dar *a grande virada* juntos.

"Levanta, sacode a poeira, dá a volta por

> Levanta, sacode a poeira...
> É assim que se inicia!

cima." Assim dizia a sábia letra do velho samba de Noite Ilustrada, transmitida gostosa e mansamente pelas ondas do rádio de um tempo antigo, mas que se renova sempre.

3 Dar *a grande virada* com naturalidade

Jaime Duplass

"A cada dia que vivo,
mais me convenço de que
o desperdício da vida está no amor
que não damos, nas forças que não usamos,
na prudência egoísta que nada arrisca,
e que, esquivando-se do sofrimento,
perdemos também a felicidade."

CARLOS DRUMMOND DE ANDRADE

O termo "virada" já revela em si a trajetória da superação. Não é uma reta. Jamais. No universo, onde tudo acontece por atração, a criação ocorre sempre por meio de curvas. O universo é curvo. A espiral é a linha de menor resistência e, com isso, entramos em harmonia com a lei do menor esforço, o que significa obter o máximo de rendimento com o mínimo de trabalho.

Não existem retas no mundo. Tudo é curvo. Por isso, não é preciso desesperar. Quando estamos na parte de baixo da curva, ali criamos forças espetaculares para o crescimento. Estudos realizados com milhares de pessoas superadoras mostraram que o que pode colocar uma pessoa para baixo, pode também colocá-la para cima. Ou seja, de seu ponto fraco, de sua debilidade, surgem forças potenciais gigantescas para a sua superação. Você poderia imaginar um astro do basquete norte-americano com 1,65 m de altura? Muggsy Bogues – ele de fato existiu! Ou um dos maiores jogadores de futebol da história, um sujeito com as pernas tortas? Garrincha – ele de fato existiu.

Uma fraqueza gera força. Um terremoto que abre fendas sob a terra desloca poderosas energias para a superfície. As nossas quedas, ou seja, quando estamos na parte de baixo das espirais, servem para que possamos olhar muito mais para nós mesmos após longos períodos em que ficamos olhando para os outros. Ao levar os choques da vida e mergulhar dentro de nós mesmos, conseguimos enviar comandos muito fortes para a nossa essência mais profunda. A EXISTÊNCIA ALTERA A ESSÊNCIA DO SER

HUMANO. E isso tem o poder de alterar a realidade que nos cerca a partir da alteração da nossa realidade interior.

A qualidade desse comando, dessa ordem, é o que vai fazer toda a diferença entre o sucesso ou o fracasso na sua vida. Mas ninguém pode dizer o que é sucesso para você. Essa descoberta é só sua.

O importante é saber que você pode decidir. Ninguém obriga ninguém a nada. Ninguém motiva ninguém.

Estamos todos motivados o tempo todo. Motivados para coisas diferentes: um está motivado para trabalhar muito, enquanto o outro pode estar motivado para dormir na rede. Encontrar motivações contraditórias e conflitantes é algo freqüente nas famílias, nas empresas, nos países, e mesmo dentro das pessoas.

Depois de sacudir e levantar a poeira, é importante reconhecer que poucas são as coisas que conseguimos fazer sozinhos. No mínimo, precisamos de um referencial externo para dar-nos a inspiração de

As voltas por cima, a superação e a transformação são mudanças que explodem do nosso íntimo, como vulcões. São forças nucleares, energia atômica, em que um pequeno punhado de átomos aquecidos e ativados se modificam e a tudo que os cerca. Na *grande virada* somos uma usina atômica íntima.

seguir em frente e partir para outra. Talvez uma dessas pequenas coisas que servem de ignição para a liberação da nossa energia interior seja decidir em quem prestamos atenção. Para o que canalizamos nosso foco. Onde depositamos nossa paixão.

> Para quem olhamos e como olhamos é a centelha da grande fogueira das nossas viradas na vida.

Porém, quando estamos por cima, na parte alta da curva da espiral, *a grande virada* é ter a humildade de nunca nos acomodar e de jamais nos permitir, ou às pessoas que amamos ou lideramos, a ilusão com os momentos de glória ou com o êxtase das vitórias. Glórias e vitórias são transitórias. Celebrar os avanços, o progresso, as pequenas vitórias é uma atitude sábia, por uma única razão: essa comemoração nos estimula a continuar em frente e a não negar os fundamentos evolutivos da humanidade. Mas se permanecermos acorrentados ao fascínio das conquistas já realizadas nos prende ao passado e nos impede de ver o futuro.

Nada pode parar você. Por quê?

Se o mundo não pára, como dizia Cazuza, por que você pararia? Só existe uma pessoa no mundo que pode fazer isso: você mesmo.

Mas não se iluda pensando "Ah, eu supero tudo sozinho!". Nunca, jamais. Somos o resultado das pessoas com quem nos relacionamos na vida.

Certa vez, participei de uma reunião de negócios em uma grande corporação. Naquela manhã, o destino da empresa seria decidido. Os resultados que vinham sendo obtidos eram ruins já há algum tempo.

Oito diretores estavam reunidos com o presidente. Dois deles representavam o sócio estrangeiro da companhia.

Iniciada a reunião, esses dois dirigentes, que eram responsáveis pelos setores de *marketing* e vendas da empresa, comunicaram que não poderiam assumir a responsabilidade pelos compromissos do novo ano. Questionados sobre o porquê dessa decisão, responderam que não confiavam nos gerentes e vendedores da empresa.

O presidente ficou arrasado, pois não tinha mais moral para continuar solicitando suporte de caixa dos acionistas. O horizonte era de trevas: a empresa estava em declínio e os responsáveis não tinham uma proposta de liderança.

Naquele momento decidi dar uma virada na situação. Era hora do tudo ou nada. Aqueles diretores tinham perdido completamente o contato com a realidade e os demais estavam severamente abatidos.

Então, eu disse ao presidente: "Eu assumo a responsabilidade. Não concordo com o diagnóstico dos meus colegas de *marketing* e vendas. Portanto, ou eu fico com a responsabilidade e a autoridade para fazer o *turnaround* (virada) na empresa, ou então gostaria de ser desligado da corporação ou transferido para outro setor". Foi um choque para todos na mesa. Um clima de forte hostilidade estabeleceu-se na hora.

Na verdade, a empresa não podia esperar mais. O fim estava escrito no horizonte. Milhares de famílias dependiam daquele emprego. E o meu destino profissional também. Instalado o conflito, o presidente encerrou a reunião e saímos todos calados, cada um para seu canto.

"Acabou o meu emprego", pensei. Mas fiz o que tinha de ser feito.

No dia seguinte o presidente me chamou e disse: "Preciso da sua ajuda. Você pode assumir os departamentos de *marketing* e vendas e se comprometer com as metas e a recuperação da companhia?".

"Sim, posso", respondi. E assim foi feito.

Saímos de um prejuízo de 20% ao ano para um lucro equivalente em dois anos de trabalho. Em seguida, assumi a posição de diretor geral da companhia, substituindo o presidente, que foi convocado para gerir outro empreendimento.

> Normalmente não damos *a grande virada* e não evitamos crises sérias porque, incapazes de reconhecer que o barco já afundou, não sabemos buscar e pedir a ajuda certa.

Quem salvou a organização? Eu? Não. Foi a sabedoria do presidente que soube aceitar e pedir ajuda no momento crítico. Outra pessoa poderia ter visto minha atitude como insolente ou prepotente e eu teria sido demitido.

Por que demos a volta por cima naquela situação?

- Por conhecimento profundo da realidade.
- Por confiança absoluta na qualidade dos funcionários.
- Por saber o que tinha que ser feito.
- Por ter consciência de que aquela bola era o pênalti aos 45' do segundo tempo, e de que eu era o único que podia chutar (existem momentos na vida em que a bola é só sua, é a sua vez).
- Por pensar no bem maior da vida da empresa, acima de interesses particulares.

Um casal estava apaixonado e vivia uma relação boa há cerca de dois anos. Por essas obras do destino, da sorte ou do azar, a moça foi alvo de um forte assédio no trabalho. Telefonemas e torpedos invadiram seu celular e caixa de *e-mail*.

Ao mesmo tempo, por outra obra do acaso, seu companheiro, uma pessoa muito conhecida, começou a ser alvo de uma fã perdidamente apaixonada, que também inundou seu celular e caixa de *e-mail* com mensagens ardentes e românticas.

Ambos não correspondiam aos assédios. Mas um dia, ao compartilharem a internet, o casal acabou vendo as mensagens um do outro. Um desespero, de ambas as partes, estabeleceu-se, devido aos pensamentos de traição. A desconfiança tomou conta da relação. Decidiram terminar.

Marcaram para ter a conversa de despedida. Por mais que se amassem, só conseguiam acusar um ao outro de infidelidade. Por mais que ambos negassem, parece que as palavras só serviam para colocar mais lenha na fogueira. Após duas horas de lágrimas e discussão, eles estavam próximos do fim. As roupas dela já não estavam mais no apartamento. A canoa tinha virado.

Os corações de ambos estavam destruídos, destroçados. Ela estava saindo do apartamento quando ele fez uma última pergunta: "Não nos veremos mais?". Ela parou, pensou, e se voltou para ele. Olhou-o nos olhos e disse: "Não sei. Não te conheço ainda!".

"Muito prazer", disse ele. "Acho você encantadora e estou com uma vontade irresistível de conhecê-la. Aceita meu convite para almoçar?"

"Sim, podemos almoçar", ela respondeu.

Saíram juntos e viveram aquela semana inteira como se tivessem se conhecido naquele momento.

Como havia amor, essa reconstrução de papéis, na realidade, tinha substância para sobreviver.

> O que eles fizeram? Mudaram seus papéis. Jogaram fora grande parte dos personagens que os trouxera até ali. Mataram um pedaço de si mesmos, que se apoiava na desconfiança, e resgataram suas partes amorosas. Quando um barco afunda, precisamos de um barco novo... e ele está dentro de nós.

Como essa mulher soube "dar a virada"? Ela pediu ajuda. No meio da crise, procurou um amigo muito querido e contou o que estava acontecendo. Esse amigo a fez ver que suas interpretações dos fatos poderiam estar erradas e contou-lhe como são as reações de um homem que trai.

Essa moça consultou seu coração, sua voz interior. Mas ainda assim não queria perdoar. Na hora da pergunta que ele fez, no instante em que ela parava, pensava e começava a se voltar para olhá-lo, mais uma vez consultou as vozes da sabedoria que estava dentro dela. A voz da sua querida e distante mãe. E a sua resposta foi o que permitiu criar um futuro diferente e de felicidade para o casal.

Estamos sempre dando grandes viradas. A vida é o ato de ludibriar a morte a cada respiração. Nossas células são trocadas o tempo todo. A mudança é a única coisa que é permanente. E isso é algo totalmente natural.

A grande virada é um baile, uma dança, uma evolução.

Lembre-se sempre: é necessário aprender a escolher quem pode realmente ajudá-lo e ter a humildade de pedir e

> Mas o que vemos no dia-a-dia é que é impossível ajudar quem não se ajuda ou não quer ser ajudado. É exatamente aí que está a diferença entre o fracasso e o sucesso das viradas na vida.

aceitar ajuda. Não falo da ajuda que transforma a pessoa em dependente. Pelo contrário: falo da ajuda que liberta, que empurra para a frente e funciona como uma alavanca para tirar você do buraco, da crise ou da estagnação. Trata-se do resgate da sua própria força. Da vontade.

4 Humildade para pedir ajuda: uma rica sabedoria

Katarzyna Leszczynska

"Amamos a vida não porque nos habituamos com ela, mas porque nos habituamos a amar."

NIETZSCHE

Meu pai tinha uma pequena loja de armarinhos no nosso bairro. Quando ele ficava na loja, as vendas e a féria do dia caíam. Quando minha mãe ficava atrás do balcão, as vendas cresciam. Como eles brigavam muito, um dia decidiram fechar a loja.

Meu pai tinha um sobrinho com muitos negócios no Rio de Janeiro. Ao saber que meu pai havia fechado a pequena loja, ficou preocupado e veio nos visitar. Nunca me esqueço daquela conversa:

"Por que você fechou a loja, tio?", perguntou meu primo.

"Não gosto de loja de armarinho; não suporto mais isso. É assunto muito mais para tua tia do que para mim", disse meu pai.

"Então, do que você gosta?", retrucou meu primo.

"De borracharia. Isso sim é que seria bom. Estamos aqui em frente a um posto de gasolina, mas eu não tenho dinheiro para começar o negócio. Então, vendi a casa e vamos embora."

Foi quando meu primo carioca fez uma pergunta a meu pai de que me lembro até hoje:

"Mas, tio, por que você não me pediu ajuda? Conheço o senhor, homem trabalhador, parte da minha família. Não me custaria nada emprestar algum capital para que você iniciasse a sua borracharia. Que pena, meu tio!", completou tristemente.

A partir daquela data, vi meu pai adotivo, a quem muito amava e de quem não esqueço jamais, ir diminuindo, parando, ficando cada vez mais dependente dos trabalhos de costura e tricô da minha mãe. Tentando não parar de vez, arrumou um "bico" de cobrador. Infelizmente acabou falecendo num acidente com sua bicicleta, fazendo cobranças numa rua movimentada de Santos.

Talvez neste momento você esteja se perguntado: onde está essa força que movimenta, aciona, estimula, motiva e faz a gente se ajudar? Como ela pode atuar a nosso favor ou marcar gol contra?

> Quando caímos e recebemos o choque da realidade em nossa vida, estamos prontos para dar a volta por cima. Mas a verdade é que o choque da queda nem sempre é sentido. Muitas vezes não percebemos que caímos ou que estamos caindo.

A comodidade, a zona de conforto, a falta de consciência é o que mais impede as pessoas de superar suas crises. Superar o quê? – elas dizem. Está tudo bem, o mundo é assim mesmo! A resignação não serve para a maioria das causas vivas.

A resignação só é útil se abrir uma porta para uma nova tentativa. Se for parte de uma consciência de um novo começo. Uma aceitação do que já foi. Mas na maioria das vezes, a resignação costuma ser um processo interminável de acomodação. Os sapos, quando aquecidos lentamente em fogo brando, não percebem que a água esquenta e morrem cozidos. Muitos de nós, sem querer, viramos sapos cozidos.

Ben Vereen, ator da Broadway, dando *uma grande virada* após o sofrimento da perda de seu filho, disse que viver é como estar numa auto-estrada. Entramos na vida como se ela fosse uma grande pista de rodagem. Imagine que você começa a viagem e então decide parar para tomar um refrigerante num dos postos de gasolina ou lanchonetes da estrada. O normal seria, após a pausa, retomar a viagem. Porém, diz Vereen, alguns de nós estacionam ali e não voltam mais para o caminho.

Muitos reiniciam a viagem normalmente. Passa o tempo, rodam vários quilômetros, então precisam parar novamente para reabastecer o carro. O que seria de esperar? Que após o reabastecimento colocassem o veículo na estrada e seguissem em frente. Mas o que acontece é que alguns ficam por ali mesmo, estacionados naquele posto de gasolina, enquanto outros retomam a viagem.

Mais adiante fura um pneu. Param para fazer a troca. Contudo, uma parte desses viajantes opta por não mais seguir. E, dessa forma, o que Ben Vereen quer dizer é que vamos estacionando, parando, ficando. Vamos desistindo ao longo da vida, uma auto-estrada sem fim. Não temos o direito de parar de viver, assim como não podemos parar e ficar no meio do caminho, seja por conforto ou por estarmos sofrendo.

Quando crianças, somos totalmente dependentes de nossos mentores, pais, educadores, tutores, vizinhos, comunidade. Podemos ser deixados à beira do caminho pela falta de amor, pela não educação, pela exploração. Crianças são alugadas para trabalhar nas esquinas, pedindo esmolas; estimuladas a realizar pequenos crimes no trânsito das cidades – tudo isso a serviço de adultos mal-intencionados. Crianças são constantemente colocadas no centro das disputas de casais que se separam, servindo de joguetes entre pais e mães não esclarecidos sobre o mal que provocam. Crianças são exploradas psicologicamente, sexualmente. Assim, desde cedo elas precisam dar *grandes viradas*. Você já pensou nisto: como uma criança de 4 ou 6 anos dá viradas na própria vida? Como uma criança explorada reage aos 12 anos? Descola-se do seu grupo de tragédias para se colar em outros seres humanos com afinidades diferentes?

No entanto, o excesso de facilidades, conforto e riqueza também serve para alienar e tirar do curso da vida muitas pessoas, de crianças a jovens. A proteção exagerada, o amor egoísta e a falta de valores destroem parte dos jovens desde o berço. Por que eu jogo tênis, por que toco guitarra, por que estou na melhor universidade do país, por que faço um MBA na melhor instituição do mundo? Por que herdei a fortuna dos meus pais? – esse jovem precisa achar respostas além das óbvias.

É muito difícil para a criança e o jovem dar a volta por cima. Como ainda não possuem a experiência e a sabedoria do aprendizado próprio, são imaturos, por isso precisam muito da orientação de guias e mentores.

Nós imitamos e aprendemos pelo exemplo em si desde cedo.

Vou contar-lhe uma história, que até hoje me emociona: quando eu era pequeno, na rua onde morávamos, ali na Vila Belmiro, na cidade de Santos, havia um mendigo que sempre circulava pelo bairro. Sim, naqueles tempos, até o pedinte, o mendigo, era da família. Era do bairro. O apelido dele era Guaraná! E vocês podem imaginar o porquê: O Guaraná jamais bebia "guaraná". Só tomava daquela água que passarinho não bebe: cachaça mesmo.

O Guaraná era muito importante para mim. Meu pai nunca dava esmola em dinheiro. Mas sempre que o Guaraná passava na nossa lojinha de bairro, meu pai me chamava e dizia: "Vamos ver o Guaraná comer um prato de comida lá no bar. Esse Guaraná não come, só bebe!". Depois, chamava o mendigo e dizia: "Eta, Guaraná! Vamos lá que vou te pagar uma refeição!".

Guaraná, o nosso mendigo, o bêbado da nossa rua, sorria. E lá íamos até a esquina. Enquanto o Guaraná comia o seu prato de comida, sob o olhar atento do meu pai, eu ganhava de presente um refrigerante. Um guaraná, em homenagem ao querido mendigo. Ali ficávamos uns quinze minutos, tempo em que meu velho pai enchia os ouvidos do Guaraná de bons conselhos.

Um dia, o "Guaraná" passou e meu pai não pôde sair da loja. Chamou-me e disse: "Filho, vá até o bar com o Guaraná e peça um PF (prato feito) para ele comer".

"Vamos, Guaraná", disse eu, mas ele não se mexeu. Estava imóvel. Olhos vidrados. Parados.

Meu pai falou lá de dentro: "Mexa-se, homem. Bebeu demais? Não está nem escutando?"

Então olhei nos olhos do nosso mendigo, do nosso Guaraná, o pé-de-cana da rua. Dos seus olhos saíam lágrimas. Eu falei: "Pai, o Guaraná está chorando!".

Foi então que o Guaraná falou: "Seu Antônio, eu não passo aqui pelo prato de comida, pelo qual muito agradeço. Eu passo aqui pelo tempo que o senhor e seu filho ficam comigo. Passo aqui porque me sinto gente pela atenção que me dão".

Meu pai deu um abraço no nosso mendigo, o nosso Guaraná. Um dia, nunca mais o Guaraná voltou. Dormindo sob uma marquise, sonhando, bêbado, morreu, nunca mais acordou, nunca mais passou por lá.

O Guaraná não queria dar a volta por cima. Ou talvez já tivesse dado, e nós é que não havíamos compreendido. *A grande virada* dele era sentir-se gente um pouquinho. Lições como essa não saem da cabeça de uma criança nunca mais.

Portanto, pare de se lamentar e se levante. Caia na real. Há muito mais viradas na sua vida do que muitas vezes você consegue compreender ou perceber. É só prestar atenção!

Por que muitas pessoas não conseguem dar uma virada na vida?

Certo domingo, pela manhã, recebi o telefonema desesperado de um amigo:

"O Dr. João acabou de se matar!"

"O quê?", gritei.

Não é possível! Um homem culto, rico, inteligente, com saúde; uma pessoa com grandes obras, admirado, elogiado. O que aconteceu com esse nosso adorado e querido amigo? Ele poderia ter dado a volta por cima, superado seus problemas, sejam lá quais fossem, e continuar compartilhando o seu raro brilho com o mundo, vivo, ao nosso lado. Por que ele se suicidou? Por que não conseguiu superar a situação que estava vivendo?

Em outra manhã de domingo, outra notícia de um colega, profissional premiado e admirado. Pessoa madura, equilibrada. Havia assassinado a companheira por ciúmes. Suspeitava que ela o estava traindo. Por que uma pessoa como ele, com um cérebro privilegiado, não conseguiu dar uma virada no drama?

Já era a segunda posição que aquele gerente ocupava, de alta importância na hierarquia da organização. Saiu do emprego anterior como executivo e iniciou uma nova carreira numa nova empresa.

Passados alguns meses, a diretoria descobriu que ele fraudava a companhia. Investigaram melhor e descobriram que ele havia feito o mesmo no emprego anterior.

Em um espetacular lance da sorte, antes de ser demitido por justa causa, enquanto a empresa reunia provas contra ele, recebeu uma ótima proposta de uma empresa concorrente para ganhar mais e ocupar uma posição superior. Como já estava desconfiado de que seus passos estavam sendo seguidos, aceitou o novo emprego. Pediu demissão e assumiu uma extraordinária posição na outra empresa.

Lá, novamente, após quase um ano, a empresa detectou que ele a estava fraudando. Por tratar-se de uma grande corporação internacional, preferiram demiti-lo normalmente, sem entrar no mérito do crime.

Demitido, mais uma vez com o acaso pleno de oportunidades, foi admitido em outra grande organização, que o colocou novamente num posto de destaque e de grande importância, com ótimos salário e benefícios. E, como na história do escorpião que, mesmo sendo salvo da enchente pelo elefante, não conseguiu deixar de picá-lo e envenenar o próprio salvador, de novo esse executivo fraudou o empregador.

É claro que a boa sorte e a falta de investigação das organizações têm limite. Após ter quatro grandes oportunidades de crescimento e de carreira e ter fraudado todas elas, uma hora a fonte secou. Nunca mais conseguiu emprego e passou a viver cheio de dívidas. Foi sustentado pela mulher por um tempo. Mas ela também não suportou a tarefa. E o ex-executivo passou a viver só, abandonado e embriagado.

Por que um homem com tantas oportunidades na vida não conseguiu dar a volta por cima?

Um jovem de 19 anos foi preso por tráfico de drogas, violência e exploração da prostituição. Sua mãe, desesperada, recorreu à família para salvar o filho. Conseguiram liberdade condicional para ele. O rapaz passou a morar com a família do tio, num bairro de classe alta, numa ótima casa.

Lá recebia carinho, amor. O tio fez com que ele voltasse à escola. Tinha seu quarto, cheio de cuidados. Ganhou um carro. Seu compromisso era estudar dedicadamente para recuperar o tempo perdido e não se envolver novamente com o crime. Recebia suporte de uma psicóloga e de uma clínica especializada na recuperação de dependentes químicos. Teve toda ajuda que alguém poderia imaginar que se pudesse dar para um ente querido.

O resultado? Em pouco tempo seu carro já estava sendo usado para o tráfico e para a prostituição. Substituiu as drogas pela bebida. Terminou morto em um conflito de facções inimigas.

Por que esse rapaz não deu a volta por cima?

Depois de muito batalhar, finalmente o executivo recebeu a promoção da sua vida. O conselho de acionistas o convidou para assumir a presidência da empresa. Entusiasmado, orgulhoso e envaidecido, vivia cercado por colaboradores cheios de palavras elogiosas e promessas de sucesso. Ele havia lutado muito pela posição. Era um *expert* em finanças. Conhecia bem a cultura organizacional. Recebeu o papel de CEO (Chief Executive Office), dirigente maior da corporação.

Um ano e meio depois foi demitido por incompetência.

Por que esse profissional brilhante não conseguiu dar a volta por cima nas suas dificuldades e se manter no posto de presidente?

Ela amava intensamente o marido. Dizia dar a vida por ele. Tinham filhos lindos. Separaram-se após dez anos de um casamento com todas as aparências de sucesso.

Por que eles não conseguiram dar *uma grande virada* nos problemas da relação?

Mário dizia que não conseguiria viver sem a esposa. Trabalhava, dava tudo o que podia para a família. Adorava as filhas. Dedicava seu tempo de lazer à casa e aos filhos. Numa noite esqueceu o celular ligado e a esposa ouviu os recados de outra mulher com quem ele mantinha um caso. Ela saiu de casa, revoltada e levando as crianças consigo.

Por que esse homem, além de pai, ele era marido, chefe de uma família feliz, não conseguiu dar a volta por cima na situação e se manter fiel à esposa que tanto amava?

Numa grande empresa familiar, assumiu o comando a terceira geração de administradores. Todos eram bem formados, preparados e educados. Em pouco tempo, porém, as brigas internas superaram o foco que precisava ser mantido no mercado, na concorrência, nos clientes.

A empresa toda, então dividida, passou a operar com custos altíssimos. Cada uma das áreas, comandada por um membro diferente da família, transformou-se em um feudo à parte, sempre em pé de guerra com os demais. Não demorou muito e as crises se agravaram e, em uma das viradas da economia, a firma finalmente quebrou.

Todos perderam tudo o que tinham e enfrentaram imensas dificuldades até mesmo para viver com o básico.

Por que pessoas que recebem riquezas freqüentemente não conseguem mudar, destroem seus bens e colocam gerações futuras em risco?

Quando conheci o Alves, um dos maiores vendedores de moda masculina dos *shopping centers* de São Paulo, perguntei a ele o seguinte: "Por que os outros vendedores não vendem como você?". "Porque eles não querem!", foi a sua resposta curta e grossa. *Eles não querem.*

Quais são, afinal, os motivos que fazem grande parte das pessoas não dar as boas e grandes viradas na vida e, assim, pôr tudo a perder? Eis aqui uma lista com alguns desses motivos:

Não adquirir virtudes

Sem assimilar virtudes, não importa a riqueza, a fama, o poder: a queda é inevitável e não existe *grande virada*; aliás, diríamos que, quanto maior a virada, maior o tombo. Fora da virtude não há saída, sucesso, não há nada; não é construção humana, é submissão às forças da ocasião. As viradas da vida precisam ser sustentáveis e resistir ao tempo, à moda, às ocasiões.

É pelas mãos das virtudes que vamos virar o jogo. Da mesma forma, é pela ausência delas que seremos centrifugados como roupas numa máquina de lavar.

Ter um repertório limitado de opções

Dar *a grande virada* é tomar consciência da maior complexidade do mundo. Para dar as viradas, as voltas, o segredo é não parar de se virar. Aumentar as competências e os talentos. Estudar mais. Fazer trabalhos diferentes. Não ser preconceituoso em relação às atividades que possa exercer.

Postergar os verdadeiros choques da realidade

A verdade nua e crua é fundamental para darmos as viradas em nossa vida. Enquanto não caímos na real, nos acomodamos. O adiamento da consciência da realidade é uma droga ilusória, pois mais cedo ou mais tarde o *tsunami* vem. O que afundou o Titanic não foi o *iceberg*, mas o ego do proprietário do navio, que queria manchetes nos jornais. Conseguiu.

Ninguém esqueceu essa tragédia. O navio inafundável afundou por uma traição da tecnologia: leme pequeno demais para fazer as manobras. E muitos dos passageiros nem quiseram entrar nos poucos botes existentes por acharem que era só um "treino".

Negar ou ignorar a finitude da vida

Não somos eternos nesta passagem pela Terra. Ter consciência da finitude da vida só nos ajuda a fazer o que tem que ser feito, sem perder tempo. Isso não é razão para tristeza, mas para muita alegria. A alegria de vibrar segundo a segundo.

Não desperdiçar tempo. Ser total em tudo o que faz. Mesmo na preguiça, que pode servir para mergulhos sensacionais em reflexões.

Confundir sonhos com ilusões

Ilusão é o engano dos sentidos e da mente. Sonho é um desejo veemente. A ilusão é a utopia. O engodo. Para saber se estamos sonhando ou nos iludindo, é preciso entrar em contato com a realidade. Seja ela conhecida ou desconhecida. A ilusão é o maior de todos os perigos. Um militar que passou anos num campo de concentração e saiu com vida disse que os que se iludiam morriam mais depressa ou não conseguiam superar a situação de humilhação e maus-tratos que viviam. Na terceira ilusão não realizada, o desânimo era total nessas pessoas. Abatiam-se por si mesmas.

Ser dominado pelas vergonhas erradas

Para vencer, não podemos ter vergonha ou ser dominados pelo medo da reprovação dos outros. Que outros?, é a pergunta. Clarice Lispector, escritora, disse que "imoral é desistir de si mesmo".

Só escutar o que quer ouvir

O pior surdo é o que não quer ouvir! É preciso perguntar coisas às pessoas que não vivem só para lhe agradar. As pessoas que me desagradaram foram sensacionais na minha vida. Eu as separo em dois tipos: as desagradáveis do bem e as desagradáveis do mal. As primeiras são as conscientes e que pegam duro para que seja feito o que precisa ser feito, pois têm um compromisso superior com um grupo, uma organização e com elas mesmas. Aplicam as injeções que precisamos levar, embora não queiramos.

As outras são pessoas espertas e sem virtudes. Atacam, deprimem, mentem e machucam como fórmula e estratégia de vida e de competição. Essas pessoas nos ensinam sutilezas e peripécias malignas que são úteis nas viradas da vida. Elas sempre me estimularam a ser ainda melhor na minha vida e no meu trabalho.

Você não as deve temer e aprender a separar desagradáveis honestos dos desagradáveis do mal. Esses dois tipos de pessoas existem. Isso é natural. Para você crescer e dar grandes viradas é essencial compreender logo que você pode não simpatizar com algumas pessoas, mas deve respeitar e aceitar totalmente o que elas estão propondo. E que você pode adorar outras pessoas, mas discordar completamente do que dizem e fazem. O certo a fazer nem sempre vem com a aparência que gostaríamos que viesse.

Perder a dignidade

Reclamamos de falta de respeito. A pergunta é: Você se respeita? O respeito começa dentro de nós. É essencial nas viradas da vida!

Como você começa a se auto-respeitar? Colocando amor e dignidade no seu trabalho, nos seus estudos, nas suas palavras e na sua profissão. Qual é a sua profissão? No que você é muito bom? Todos podem ser muito bons em alguma coisa. Porém, não ter auto-respeito é ser "meia boca". A diferença entre o diretor de uma multinacional e um marceneiro, ou um aprendiz, é uma só: a paixão com que executa seu trabalho.

Ser muito bom no que faz é o primeiro de todos os passos.

Acreditar que truques e mágicas podem resolver tudo

Não existem atalhos. O único lugar onde sucesso e sossego vem antes do trabalho é no dicionário. O "acaso" existe? Sim, mas ele só surpreende quem estiver pronto. Nosso negócio é fazer a nossa parte e estarmos abertos para as leis do universo.

Ser vítima do próprio preconceito

Muitas pessoas desistem da imperiosa necessidade das viradas na vida por colocar na cabeça que não podem, que são perseguidas e vítimas. A pior vítima do mundo é aquela que tem em si mesmo o pior algoz. Duas em cada três pessoas que perdem seus empregos, apesar de tecnicamente competentes, foram incapazes de se relacionar e de se comunicar – e isso por conta de "pré-conceitos" colocados na sua cabeça, na maioria das vezes, pelos outros.

5 *A GRANDE VIRADA* É A SUPERAÇÃO FORA DA ZONA DE CONFORTO

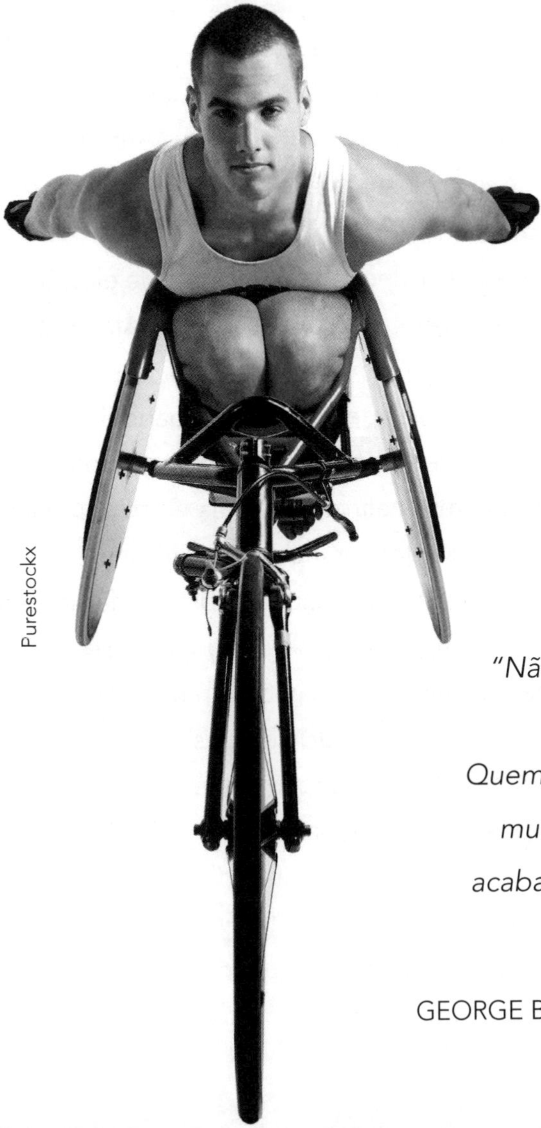

Purestockx

"Não há progresso sem mudança. Quem não consegue mudar a si mesmo acaba não mudando coisa alguma."

GEORGE BERNARD SHAW

Conheci centenas de agentes de segurança penitenciários numa série de palestras que realizei especialmente para eles. Mergulhei na sua realidade e avaliei quanto essas pessoas precisam de força para enfrentar a dificuldade do seu trabalho.

Também vi o outro lado da mesma moeda: os sentenciados, os reeducandos nos presídios masculinos e femininos. Convivi com suas realidades. Vi nos olhos da grande maioria daquela população carcerária o brilho da esperança, de sonhos que não eram bem sonhos, mas ilusões: "o engano dos sentidos e da mente".

Vi a beleza e a alegria farta na festa de eleição da *Miss* Penitenciária, jovem, negra, nascida na África, presa por tráfico de drogas. Vivenciei as paixões das mulheres dos ladrões, dando a vida pelos seus companheiros.

Você pode ser uma dessas pessoas, no crime ou envolvida pelo crime – afinal, parentes e amigos participam de tudo. Como se dá *a grande virada* de sentenciados, de funcionários do sistema prisional, dos seus familiares?

Certa manhã, durante o período em que escrevi este livro, saí para caminhar logo cedo. Eram 7 horas da manhã. Descendo a avenida Brigadeiro Luís Antônio, passei em frente ao Hospital Brigadeiro, meu velho conhecido de superações passadas, e deparei com uma fila imensa que dobrava o quarteirão. Era a fila para pegar a senha do atendimento. Confusão na porta. Funcionários tão iguais e parecidos com as pessoas que queriam ser atendidas. Desconforto, tempo jogado fora nas calçadas da fila de espera. Olhares desanimados de uns, raiva em outros, expressões sem forma em muitos outros.

Você pode estar vivendo um momento como esse. Como será a sua volta por cima? E a virada do funcionário de um hospital público? E a volta por cima da pessoa que depende do atendimento? Daquela mãe, pai, avó, do parente que cuida de um membro enfermo da família?

Tenha absoluta certeza do seguinte: seja o que for que você esteja passando ou tentando superar neste exato momento, agradeça por isso. O trabalho que você está tendo para realizar essa virada abrirá campos novos e não imaginados por você num futuro próximo. Não se preocupe com eles agora. Foque-se no enfrentamento deste momento, desta situação que lhe é apresentada. Porém – será inevitável – você receberá como bônus o despertar de muitos "dons" adormecidos dentro de você. Fui criado em muitas filas do serviço público de saúde. Eu sei. É possível crescer em qualquer situação.

Como profissional, você pode estar agora desanimado, estagnado em uma posição na empresa na qual não vê mais futuro ou possibilidade de crescimento. Pode estar recebendo a informação de que não conseguiu a promoção que esperava. Pode estar sendo demitido ou com a auto-estima lá embaixo por não conseguir uma nova colocação. Você pode estar tendo de sair do emprego onde passou décadas por estar se aposentando. Como é a "volta por cima" na sua carreira, seja no desemprego, seja na aposentadoria?

Como é *a grande virada* de um jovem? O começo de uma carreira está cada vez mais competitivo, difícil. Os pais cobram, a sociedade quer ver seu sucesso.

Conheço um jovem que tomou uma decisão muito difícil, mas inteligente. Ele optou por trabalhar de graça para os grandes mestres da profissão que almeja seguir. Em alguns desses escritórios, ele acompanha os processos como estudante mesmo, de graça; em outros, ganha uma pequena ajuda de custo.

O que é sensacional nesse rapaz é o talento que desenvolveu para olhar as virtudes dos mestres. Ele parece clonar para si os ângulos admiráveis desses profissionais.

O processo escolhido por ele é duro. Está trocando ganhos salariais do presente pela competência do futuro. Porém, está seguindo um dos segredos fundamentais da superação, das viradas: escolhendo com quem anda e com quem se relaciona nesse particular campo intelectual, racional da sua profissão.

Quais são as escolhas desse jovem? São recheadas de pequenas viradas ao longo do caminho. A alegria vem dos casos que acompanha e das descobertas que faz antes dos seus mestres. A felicidade com uma pequena intervenção que realiza e que é acolhida pelos profissionais. O orgulho com o qual comenta os meandros e os detalhes de assuntos criminais, a sua especialização e as opiniões próprias que já começa a formular na arte do Direito.

Pequenos sucessos vão preenchendo um cesto de voltas e mais voltas por cima. Pequenas, inexpressivas para um observador de fora, mas grandes viradas para quem está se virando pelo lado de dentro. Para um jovem na formação da sua carreira, isso é estar apaixonado pela arte de aprender a atuar.

A vitória dessa *grande virada* será no dia em que outros aprendizes desejarem aprender com ele. E nesse dia a volta por cima desse grande profissional de sucesso será dar outras viradas, assumindo a humildade de dividir com os outros o que aprendeu, ao mesmo tempo que reconhece que também tem ainda muito a aprender. E seguindo como aprendiz de novo, de novos mestres, até o dia do cara a cara com o Grande Mestre:

A finitude desta vida e o começo de outra, morte e renascimento, são as voltas que a lei natural nos revela todos os dias. A consciência superior das grandes viradas.

As cinqüenta regras de ouro para dar a volta por cima estão nos capítulos seguintes. Você pode ir direto para elas, se desejar. E depois retornar. Porém gostaria que você refletisse um pouco mais sobre a natureza das mudanças e reviravoltas na nossa vida. Não mude por mudar. Não corra por correr. O mundo está cheio de exemplos de êxito, de pessoas que persistiram e tiveram paciência durante anos e anos de suas vidas. Se elas tivessem "mudado", teriam atrasado a humanidade na descoberta das estrelas, da anestesia, das vacinas, da eletricidade ou do pára-raios, só para termos um exemplo "chocante". É importante que você analise a situação. Você pode ser o mutante. A empresa onde você está, o produto, a inovação.

Você pode estar vivendo o ponto de mutação. Então cuidado. Mudar não é dar uma de maria-vai-com-as-outras e ir na mesma direção! Ao contrário: as grandes viradas exigem cada vez mais desconfiança do certo, do estabelecido. Exigem fé total no poder de criarmos novos negócios, grupos, produtos, serviços, e de nos criarmos de novo – isso sim é infinito. Somos pessoas, nos construímos. Você já viu um "quilombo" de bois? Os bois se revoltando contra a inevitabilidade de virarem picanhas e filés? O que um boi fizer não muda o destino e a essência da boiada. Porém, o que você fizer pode mudar o destino de todos nós. Por incrível que pareça, não mudar pode ser a maior de todas as mudanças. Quando? Quando você e a situação em que vive já são, por si só, o ponto de mutação. A mudança. A virada. Metamorfoses ambulantes e mutantes – esse é o toque da *grande virada* essencial.

Guy Prall é um brilhante geneticista com quem trabalhei. Ele já andava à frente do seu tempo anos antes e hoje está exatamente no auge da carreira. Nos anos 1980 era uma voz quase única no Brasil na defesa da genética no setor de suínos. Agora é diretor mundial da empresa líder desse ramo (a carne mais consumida no planeta). O que desejo demonstrar com esse exemplo é que "mudar", para Guy, era exatamente "não mudar", pois ele já estava sendo o agente da mudança. Se ele se deixasse vencer pela maioria das opiniões contrárias e "mudasse", não teria dado *a grande virada* na suinocultura mundial – e na própria carreira.

Identifique-se com vários exemplos. Conheça-se mais e melhor a si mesmo.

Você pode estar querendo dar grandes viradas no seu casamento, na sua vida amorosa. Você pode estar ansioso pela descoberta de novas paixões. A novidade fascina. Mas um conselho: conheço muita gente que é vítima do novo. São escravos da mudança por aquilo que ainda não têm. E, nessa cegueira, não conseguem descobrir tesouros no que já está ao seu lado. Desdenham, como crianças, dos brinquedos velhos, do que possuem. Mudar é preciso, mas mudanças não significam troca de embalagem. Apaixonar-se pelo novo pode significar descobrir coisas novas na pessoa que vive com você há muitos anos. Apenas pense nisso antes de trocar por trocar.

Você pode ser um atleta num momento decisivo de superação; ou um líder vivendo um profundo conflito.

Você pode estar vivendo com um companheiro ou companheira relações não convencionais. Temas ainda não aceitos por muitos na sociedade atual. Sua volta por cima poderia ser revelar ao mundo suas convicções mais íntimas. E criar coragem de dizer "eu te amo" para uma pessoa impossível. Como é dar *a grande virada* para os diferentes?

Uma querida amiga lésbica faleceu meses antes de eu escrever este livro. Ela deu tantas voltas por cima, que a sua história daria um livro. Eu a conhecia desde a infância, acompanhei toda a sua caminhada. Seus namoros, paixões, angústias e medos. Órfã desde os 8 anos de idade, conheceu as drogas, a bebida. Ela tinha tudo para ser agressiva, rebelde. Mas não. Era a docilidade em pessoa. A calma que voava. Enfrentava sua realidade com a coragem de tomar o destino nas próprias mãos. Nos últimos anos de vida, tamanha era a sua generosidade, que trabalhava como voluntária para o Centro de Valorização da Vida (CVV). Ela sabia amar, mesmo sem ter recebido amor na infância, e foi intensamente amada pelos seus amores e pelos amigos. A grande volta por cima para ela foi a vitória da alegria, da irreverência pura e do bem, que provocou mudanças evolutivas ao seu redor. Quando seu corpo foi cremado, todos ouviam uma animada e quente *dancing music* tocada a seu pedido. A alegria foi a virada com a qual ela deixou sua marca inesquecível.

Você pode estar carregando traumas do passado. Tentando esconder-se e esquecer esse passado.

Neste momento, você pode estar vivendo uma situação difícil: uma separação, o desenlace com uma pessoa querida, uma péssima avaliação profissional, uma briga familiar, uma disputa entre sócios, uma porção de dívidas, a notícia de que está com uma doença muito grave, uma traição, uma acusação injusta, uma perseguição, a tomada de consciência dos seus erros... Quais os passos a ser dados? O que você pode fazer já, agora mesmo, para acelerar a sua entrada no ciclo ascendente da curva espiralada da superação?

A grande virada é evolução fora da zona de conforto. Portanto, é necessário sentir-se provocado e incomodado para evoluir e se superar.

A maior dificuldade para dar viradas na vida não reside em superar dificuldades, obstáculos ou problemas visíveis, expostos, nos quais o choque da realidade já pegou você. Difícil mesmo é movimentar alguém para a evolução quando esse alguém acredita que já chegou lá. Que está ótimo e feliz na sua zona de conforto. Podemos chamar isso de a Síndrome de Garfield.

> E se eu estiver bem, feliz, e sentir que não estou precisando superar nada? A resposta é: ou você já atingiu um estágio evoluidíssimo, de iluminação, é quase um Buda, um mestre, ou você talvez seja a pessoa que mais precisa deste livro.

Brinco com o querido amigo e irmão Roberto Shinyashiki, meu companheiro na Dinossauros Rock Band: o sucesso é ser feliz ou ser feliz é o sucesso? Nessa pergunta, a inversão da proposta é uma provocação para todos pensarmos: como o insucesso pode deixar alguém feliz? Pergunte para a torcida brasileira numa Copa do Mundo se é possível ficar feliz com a derrota? Questione se um diretor de vendas pode ficar feliz se não bater as metas comerciais?

A zona de conforto pode ser a maior droga ilusória da sua vida se ela vier acompanhada de uma auto-estima que não permita a sabedoria de uma autocrítica honesta.

Conheço uma senhora com mais de 60 anos que sustenta um filho de 38. Ele recebe mesada e mora com a mãe. Não estuda nem trabalha. Fui visitá-los outro dia.

O filho é muito feliz, alegre, conta piadas e recebe todo mundo de forma muito simpática. Todos os dias leva o cachorro para passear. Ajuda nos cuidados da casa, tem uma namorada que costuma passar os fins de semana com ele no mesmo apartamento onde reside com a mãe. Quando saem para jantar ou vão ao cinema, ao teatro, todas as despesas correm por conta da gentil senhora, pagadora e provedora desse homem de quase 40 anos. Ele é saudável, sarado, bem-apessoado. Tem planos que nunca se realizam. Tem esperança. Sonha alto, sonha grande. Mas fica no planeta dos sonhos, não realiza nada daquilo que se propõe. As ações são sempre postergadas com bons motivos e extraordinárias desculpas.

Se você conversar com ele, verá o exemplo de um autêntico ser para quem o sucesso é ser feliz. Ele é o retrato da felicidade. Mas a que preço?

Quem sua a camisa para que o outro seja feliz? Quem está pagando a conta para manter o próximo na doce ilusão da zona de conforto, no bem-bom?

O músico e compositor Geraldo Vandré despertou toda uma geração nos anos 1960 com a frase que virou um brado de guerra: "Vem, vamos embora, que esperar não é saber. Quem sabe faz a hora, não espera acontecer". Isso, muito antes de valer para a política da época, vale para cada um de nós como pessoas, profissionais e empresários. Tirar uma pessoa da zona de conforto deve contar muitos pontos para quem o faz no acerto de contas final da vida. É necessário amar muito alguém para lutar contra a sua vontade de parar e estacionar à beira da estrada da vida.

Como fazer quando estamos confortavelmente instalados, quando nos sentimos satisfeitos onde e como estamos?

Como fazer quando temos poder, cargo, prestígio e não aceitamos sucessores, não criamos novos líderes e ficamos incrustados como ostras na pedra, matando a obra que construímos, seja ela uma empresa, uma entidade, um clube, seja uma representatividade política?

Quando um importante político e seu filho foram presos na Polícia Federal, muitos amigos se afastaram deles. Nunca votei nem votaria nesse político. Quis o destino um dia, logo depois que ele saiu da prisão, que estivéssemos juntos na cerimônia de um amigo comum, na qual fomos apresentados pela primeira vez. Cordialmente nos cumprimentamos e, em

> Claro que sucesso sem felicidade de nada vale; porém, cuidado: existem pessoas que se acomodam, resolvem parar e vivem na dependência de terceiros, reclamando do governo, do chefe, da empresa, da cidade, dos vizinhos, da esposa, do marido, do pai, da mãe. E aí é você quem tem que se virar para sustentar o folgado.

uma fração de segundo, todas as outras pessoas que nos rodeavam se afastaram. Ficamos sozinhos. Logo eu!

Porém, ali, naquela hora, eu estava com o ser humano, não com o político. Ficamos a sós, abandonados pelos demais convidados. Imediatamente raciocinei: anos atrás, jamais esse político conseguiria ficar um segundo que fosse sozinho, em qualquer reunião pública que fosse.

Conversamos educadamente, imaginei sua angústia com toda aquela situação, principalmente a dor de um pai que vê seu filho ao seu lado na prisão. Ao terminarmos a conversa, com base em meus conhecimentos de *marketing* disse a ele, para confortá-lo, que, em se candidatando, inevitavelmente seria eleito, pois seu nome era uma "marca poderosa".

Não cabe aqui discutir o poder dessa marca. A menção ao acontecimento apenas ilustra a pergunta sobre as nossas grandes viradas. Por que não mudamos antes que a vida nos mude?

Sem entrar em nenhum mérito de julgamento da pessoa desse político, esse encontro me fez refletir muito. Por que as pessoas não conseguem sair de situações desconfortáveis? Por que muitos ficam e permanecem, até adoecer, em cargos e posições que já deveriam ter passado aos mais jovens, ou simplesmente abandonado?

Em um dos contos dos Irmãos Grimm há uma passagem exemplar: um barqueiro que conduz as pessoas para o inferno não suporta seu trabalho. Então alguém pergunta: "Mas por que você continua transportando as pessoas para o inferno?". O barqueiro pensa e responde: "Eu nunca achei que pudesse parar de fazer isso!". Sim, você pode parar de ser o "barqueiro do inferno". Experimente. Outros irão assumir os remos.

A grande virada pode ser, muitas vezes, parar de fazer algo!

Por que existem pessoas da elite sofrendo tanto e fazendo tantos sofrerem?

Precisamos fazer a fila andar! Então, por que vemos homens e mulheres com mais de 70 anos de idade que não conseguem dar *a grande virada* nas suas vidas, que não se prepararam para viver novos papéis com a maturidade e que insistem em continuar atuando de modo a inibir e evitar que novas lideranças surjam?

Dar a volta por cima no poder, no amor aprisionador, no apego às posses, na fama, é difícil, mas extremamente saudável. Principalmente para aqueles que acreditam que está tudo bem, que estão felizes em sua zona de conforto.

O que vai acontecer, se nos mantivermos irredutíveis em nossas posições? Se tivermos tempo suficiente para viver, iremos colher amargores terríveis e dores profundas como resultado dessa falta de consciência, que só não será maior se, com a ajuda de uma luz divina, reconhecermos a necessidade da evolução.

Sempre existirá tempo enquanto tivermos tempo! A superação é a evolução que nos tira da "aparente" zona de conforto.

Desvestir-se dos egos mal construídos é a grande virada para quem acha que dar a volta por cima ainda é enganar o próximo. Lamento dizer: isso é enganar-se.

6 Uma pessoa apaixonada, caminhando no rumo certo, torna-se imbatível

Sergey Rusakov

"O homem está sempre disposto a negar tudo aquilo que não compreende."

BLAISE PASCAL

Como vamos para *as grandes viradas*?

Existem regras para isso. E essas regras são apresentadas aqui neste livro. Para que você possa utilizar e mudar sua vida com as cinqüenta regras de ouro, antes de chegar nelas é necessário que você se prepare e se acostume a olhar para dentro de si mesmo. Você é o seu próprio *big brother*.

Todos podem dar a volta por cima e vencer? Sim, todos, desde que estejam apaixonados e caminhando no rumo certo.

Mas o que significa estar apaixonado? A paixão não é cega?

Paixão é foco. Paixão é concentração. Existe a paixão certa e a errada. A certa é a que mira na evolução. Vira amor. A errada é a que foca a atenção para as fraquezas humanas. A boa paixão é aquela que nos leva a fazer o que tem que ser feito. A paixão por um filho leva-nos a induzi-lo a fazer o que precisa ser feito para que ele desenvolva as próprias asas e consiga voar.

A boa paixão é vital e fundamental. As paixões evoluídas são indispensáveis. Fazer evoluir as paixões não deve causar medo, preocupação ou temor. Tudo o que amplifica a simpatia da alma – graça, arte, música, vibrações, ciência, esporte, reflexão – é indispensável para guiar as paixões no rumo certo.

Pietro Ubaldi foi um filósofo, escritor e pensador italiano, admirado profundamente por grandes gênios da humanidade, como Einstein e o brasileiro Monteiro Lobato. O nosso Lobato escreveu que jamais havia conhecido e lido uma obra sobre o conhecimento da arte e da vida humana desenvolvida com tanta profundidade como a de Pietro Ubaldi, infelizmente conhecido por poucos. Ubaldi veio para o Brasil e faleceu na cidade de São Vicente, no estado de São Paulo, no dia 29 de fevereiro de 1972. Provavelmente nessa época eu e o Beto (Shinyashiki) estávamos tocando o nosso *rock & roll* lá na querida Santos, bem perto de Pietro Ubaldi, sem saber que por ali ele já nos inspirava sutilmente.

Por ser de tamanha profundidade e importância, desejo presentear você com um trecho sublime de sua obra, *A evolução do amor*:

> Amor, impulso fundamental da vida, força de coesão que rege o universo, potência divina da eterna reconstrução! Encontrá-lo-emos sempre indestrutível, em formas infinitas, em todos os níveis do ser. Com este, o amor subirá sublimando-se até o paraíso dos santos. O amor, como a dor, tem uma função fundamental na conservação, coesão e renovação, é parte integrante do funcionamento orgânico do universo. O impulso não se destrói, mas se reforça e eleva. O desejo não se mata, mas se guia para uma contínua evolução. Evolução de instintos, evolução de paixões, aperfeiçoamento constante da personalidade.
>
> O amor, que no mundo animal é função prevalentemente orgânica, adquire no homem funções de ordem nervosa e psíquica. Complica-se, dilata seu campo de ação, sutiliza-se e sensibiliza-se (se souber evitar o perigo de uma degradação neurótica) para um superamor espiritual.

A Ascensão das paixões faz parte da elevação de toda a personalidade... Nessa ascensão do amor há uma contínua reabsorção do impulso socialmente desagregante do egoísmo, numa emanação que a ele substitui as forças socialmente construtivas do altruísmo.

A função do amor é criar, conservar, proteger. Seu desenvolvimento exterioriza e intensifica todas as defesas de uma vida cada vez mais complexa. Essas ascensões não são sonho estéril, mas contêm a gênese das forças de coesão do organismo unitário da futura sociedade humana. Altruísmo necessário num mundo mais evoluído, mesmo que possa parecer utopia hoje. Reabsorção do egoísmo pelo amor, inversão de impulsos, que é somente um momento da inversão das forças do mal em bem, da dor em felicidade.

> Destruir embaixo para criar em cima é um ângulo legítimo da realidade da vida em todo o universo. É da natureza. Transforme uma perda num objetivo novo.

A grande virada faz parte de um fluxo legítimo da vida real. Todos têm potencial para isso. Basta olharmos com naturalidade a vida e os seus ciclos, as espirais da evolução. Porém, por que então é difícil e tratamos esse assunto com um ar pesado? Ou ainda: por que só falamos disso como um tema pós-tragédias ou infortúnios?

A volta por cima, a evolução fora da zona de conforto, é algo absolutamente natural. O ponto é que ela pede e exige evolução: aprimoramento da personalidade, consistência do caráter, reconstrução de valores, solidariedade, altruísmo, criação de relacionamentos. Trata-se da paixão, da ascensão da paixão.

Uma pessoa apaixonada, no rumo certo, torna-se imbatível.

As quedas e os sustos são úteis. São avisos que nos fazem enxergar, sentir e compreender o que talvez não vísse-mos nunca ao longo da vida. Nem sempre o toque, a cutucada, o sinal é feito de forma indolor, carinhosa. Pode vir como uma chama incandescente que muda uma série de vidas em um segundo. Ou como a picada da serpente no pequeno príncipe, que o envia de volta para o seu asteróide.

Fabiana veio a mim após a leitura do meu livro *O vôo do cisne*. Veio agradecer. A história dela é exemplar sobre como o acaso nos surpreende. Um metro a mais pode nos separar da vida ou da morte. Alguns segundos antes ou depois podem alterar toda a nossa história. Fabiana estava lá no instante exato em que tudo aconteceu. Num churrasco de uma festa política, com mais de cem pessoas, alguém jogou, sem querer, tíner na churrasqueira. Um jato incandescente atingiu Fabiana. Ela teve queimaduras de terceiro grau no pescoço, colo, pernas e braços. Ninguém mais sofreu nada.

O que aconteceu nas *viradas da vida* de Fabiana?

Todos os amigos de antes do acidente desapareceram. Todos os amigos que Fabiana tem hoje são novos, pós-acidente. Quem reuniu recursos, organizou auxílio e investiu tempo e relacionamentos pessoais para ajudar Fabiana não foi nenhum amigo ou conhecido anterior. Foi alguém até então distante. O churrasco era de um partido político. Quem apoiou materialmente e estendeu a mão para ela foi uma pessoa de outro partido. Ela recebeu apoio espiritual e suporte psicológico de outros desconhecidos. Experimentou a solidariedade de muitos. Viu a ignorância de outros. Uma enfermeira no hospital resolveu torturá-la. Dava água quente para que bebesse, machucava-a propositadamente. A razão para as torturas? Essa enfermeira achava que se Fabiana tinha sofrido tudo aquilo era porque havia feito um grande mal para alguém e deveria pagar. Portanto, nada mais justo do que ajudar um pouquinho nessa "justa" punição!!!

Mas como Fabiana fez para dar *a grande virada* em tudo isso? O marido a abandonou. Os filhos, quando a viam, por serem pequenos, saíam correndo, com medo. Ela contava apenas com a fortaleza e as palavras de sua mãe, com o orgulho que a mãe tinha dela, com o pensamento nos filhos pequenos. Eles precisariam dela mais do que nunca.

Como foi a principal volta por cima? Foi quando voltou a trabalhar. O trabalho resgatou sua auto-estima e dignidade. No trabalho, Fabiana ultrapassou suas maiores dúvidas sobre se venceria ou não seu desafio. Hoje o marido pede para voltar. Tarde demais! Ela sai, diverte-se, vive a vida como nunca. O que resta agora? Manter-se lúcida. A vida não pára. A seu favor, o que conta? Consciência. Valorização do tempo. Amor.

Está mais unida do que nunca aos filhos, aos novos amigos, apaixonada pelo trabalho e, acima de tudo, pela vida. Escreveu e lançou seu livro, chamado *O fogo não queima a alma*.

Pessoas que dão *a grande virada* nunca mais são as mesmas. Mas todos nós fazemos isso, a questão é tomar consciência. Se nascemos, já superamos uma competição de cerca de um bilhão de vidinhas disputando conosco a fecundação.

Um choque de realidade mexe conosco. Desperta. Por isso acaba sendo mais fácil para alguém que passa por uma tragédia pensar, crescer, mudar e compreender valores novos sobre a vida. Quem está paralisado, anestesiado, iludido na zona de conforto, está sendo levado, sem consciência, numa pororoca. Está também "se virando", mas sem consciência do que faz, e achando que o rio vai vencer o mar.

7 Por que não damos a volta por cima?

Edyta Pawlowska

"Você não pode ensinar nada a um homem; você pode apenas ajudá-lo a encontrar a resposta dentro dele mesmo."

GALILEU GALILEI

Quais são os principais problemas que muitos não conseguem superar e dar as viradas necessárias na vida?

> Muita gente não consegue mudar de papel. Você só supera quando muda de papel na vida. É impossível superar sendo o mesmo. Superação não é resignação. Superação é boa rebeldia. É transformação.

Como podemos criar papéis novos? A vida é um teatro. Somos atores e atrizes. Vivemos interpretando papéis: papéis sociais, psicológicos, profissionais, sexuais e familiares.

Quando fracassamos em um determinado papel, o de esposa, por exemplo, e repetimos o mesmo personagem no palco social, provavelmente repetiremos o mesmo enredo, com um fim muito semelhante.

Ou, após vinte anos de vida conjugal não adianta insistir no mesmo modelo do passado. A superação exige a construção de um novo papel para ser vivido e interpretado com fé e verdade interior. Como? Comece observando mulheres que você possa admirar. Imitação não é um erro, mas uma forma de se inspirar e começar a criar um novo jeito de viver.

Depois você irá aprimorar esse novo eu, esse novo papel, e conseguirá diferenciá-lo dos demais, destacando e encontrando sua personalidade.

Muitos não superam suas crises porque superar é transformar. Toda superação exige o entendimento de que o papel anterior que você vivia ficou obsoleto ou não interessa mais. Portanto, não se trata mais do que precisa ser feito, mas de como fazê-lo. E esse *como* passa por uma pessoa nova, diferente. Ao superar um problema não somos mais os mesmos de antes. Isso é facilmente observável num alcoólatra que abandona o vício. Ele constrói outro papel na vida. A importância de instituições como a Associação dos Alcoólicos Anônimos (AAA) é ensinar um comportamento novo; inspirar e treinar um novo modelo de vida. O depoimento dos que mudaram; o treino e o exercício; a disciplina do novo papel, tudo contribui para você descobrir uma nova personalidade, um novo personagem para viver, e se apaixonar por ele. Só assim conseguirá superar. Noventa por cento dos que emagrecem voltam a engordar porque não se apaixonaram por sua nova disciplina.

Muitas pessoas não vencem porque não começam a fazer logo o que tem de ser feito – e com aquilo que têm em mãos. Escolhem, mas não realizam. O grande segredo é realizar grande. Comece já a realizar e gaste menos tempo perguntando como se faz, ou se deve ou não fazer. *Just do it.* Apenas faça!

Muitas pessoas não conseguem superar porque não caem na real da nova situação, não se livram dos papéis antigos que viviam, não criam personalidades e personagens novos para atuar no novo palco social que estão enfrentando.

Há pouco tempo abriu uma vaga para estágio no núcleo de estudos de agronegócios na ESPM. Pensei que centenas de alunos fossem se candidatar. Engano meu: só cinco se inscreveram. Desses cinco apenas dois apareceram para a entrevista. Quem ficou com a vaga foi a Tatiana. Perguntei por que ela havia se candidatado à vaga e muitos dos amigos dela não. "Porque eles só querem ir para marcas famosas, como Nestlé, Unilever, Coca-Cola", respondeu a aluna. "Eu quero conhecer o diferente, então o agronegócio me interessou!" E lá estamos com a Tatiana, que ganhou o trabalho quase sozinha e vai abrir muitas portas, enquanto seus amigos esperam aquilo que seus egos determinam. Mas o que os amigos de Tatiana não sabiam é que as organizações que eles adoram fazem parte da cadeia do agronegócio e que, se tivessem aceitado o estágio, poderiam alcancá-las.

Nas *grandes viradas*, observe, costumamos trocar de amigos. Com quantos você ainda se relaciona da sua infância, juventude, escola, faculdade, primeiro, segundo empregos?

Dificilmente seus amigos anteriores serão de grande valia nessa nova personalidade que você terá que construir. Você precisará de conhecimentos novos, ambientes novos e novos modelos inspiradores.

Os que ficam são os essenciais, aqueles que transcendem o tempo por nos inspirarem com as suas existências. Esses modelos, cultive-os sempre. São como os nós dos bambus: crescemos com eles e por causa deles não vergamos jamais.

Garrincha seria lembrado como o segundo maior jogador de futebol da história, depois de Pelé, não fosse a impossibilidade que teve para construir novas competências no seu personagem.

Apaixonados e cegos pelo papel antigo, muitas pessoas talentosas fazem das forças que as trouxeram até determinado ponto de sucesso a razão maior da sua fraqueza. O que nos põe para cima também nos coloca pra baixo. Maradona não conseguiu construir um novo papel profissional quando ainda era atleta. Não conseguiu criar um novo papel social. Foi brilhante e espetacular, mas estrela de um personagem só.

Maradona disse recentemente que "se não fossem as drogas, teria sido maior do que Pelé". Quem sabe? Com certeza esse aspecto da sua personalidade o impediu de conquistar outros feitos.

Para brilhar na constelação do universo, é preciso que se aprenda a ser muitas estrelas diferentes e agente de sua própria transformação em vez de ser resultado do que a vida duramente impõe. Superação é um ato contínuo, ininterrupto e interminável.

Muitos não superam por não saber pedir ajuda. E outros por não saber aceitar ajuda. Tornam-se vítimas de um único e teimoso papel na vida. Viver é a capacidade de interpretar vários papéis, com verdade e fé interiores. Não nascemos para viver um único personagem. Os acidentes, os traumas, os choques de realidade nos obrigam a mudar na "marra". Não vencemos quando teimamos e insistimos numa atitude de besouro. Para não morrer batendo na vidraça, não podemos mais agir como besouros. Pessoas, empresas, grupos que superam, vencem o tempo, são os que se recriam, constroem novos papéis de si mesmos, adaptados aos novos momentos e circunstâncias que os envolvem. E todos eles só o conseguem porque beijam suas realidades nuas e cruas!

Os Rolling Stones superaram o tempo; Bob Dylan não envelhece; Chico Buarque, Caetano Veloso, Gilberto Gil e Rita Lee se reinventam continuamente. É como se houvesse um novo nascimento de cada um a cada ano. Para que nasça um novo, é preciso morrer um antigo. Superação é troca de casca. É a transformação de lagartas em borboletas. Sementes em plantinhas germinadas. Morte, nascimento, morte, nascimento... O ciclo da transformação é interminável.

E quando olhamos para a casca que deixamos para trás, isso não pode dar tristeza, só alegria.

Essa é a lei universal. É a lei que nos rege também.

Uma boa dica é você desconfiar das suas crenças. Quando pensamos errado, colocamos nossa mente a serviço do que pensamos. Depois é preciso que o mundo nos ajude muito para vermos quanto nos deixamos levar pelos nossos medos e despreparo!

Tive um começo de vida profissional desastroso: por insistência da minha querida tia adotiva, mandei uma carta de solicitação de emprego a um conhecido dela. Ele era presidente de uma importante empresa da época. Inexperiente, escrevi uma carta pedindo emprego. Mas cometi um erro grave, na época, para uma carta profissional: esqueci de colocar a data.

Vivíamos com muita dificuldade e eu precisava ganhar alguma coisa para poder me sustentar e pagar a faculdade. Eu era músico, já havia ganhado o prêmio Governador do Estado como compositor da melhor música para teatro um ano antes, mas não ganhava absolutamente nada. Eu e minha tia aguardávamos ansiosos pela resposta da carta. Um dia, em cima do móvel da sala, encontrei uma carta com o papel timbrado da empresa. Cheguei, minha tia me deu a carta e a abrimos juntos, cheios de esperança. Devia ser o chamado para um teste, uma entrevista, uma oportunidade. Ilusão. Quando comecei a ler a carta, morri de vergonha. Senti-me como um grande incompetente. A pessoa da empresa respondeu, visivelmente aborrecida e indignada comigo. Como alguém podia ser tão "burro" e enviar uma carta comercial, o que na época era um padrão e uma regra básica de mínima exigência para um emprego, esquecendo de datá-la? O texto da resposta não esqueço jamais, dizia assim:

> Sr. José Luiz Tejon Megido
>
> Como é possível uma pessoa candidatar-se a um emprego na nossa conceituada empresa quando não conhece os procedimentos básicos dos padrões de uma simples correspondência comercial?
>
> Sua carta não está datada. Esse é um erro imperdoável.

E assinava com o cargo de Diretor de *Marketing* Agrícola.

Fiquei mordido de raiva. Aquela resposta dolorida, crua e pontiaguda serviu como um estimulante. Mexeu com meus brios. Fiquei muito triste. Minha tia também deve ter achado que eu era um inútil. Jamais me esqueci daquele documento. E, por ironia do destino, ou por obra de lutas inconscientes, anos depois transformei-me numa das maiores autoridades brasileiras exatamente na área de *marketing* agrícola! Fui diretor da maior empresa de genética vegetal e animal do Brasil e do cinturão tropical do planeta, a Agroceres.

A carta não datada e a resposta agressiva, sem dó nem piedade, talvez tenham feito mais bem para mim do que mal. Na hora sofri muito. Mas a revolta e a vontade de superar me entusiasmaram.

Logo em seguida ao incidente da fatídica carta, comecei a estudar jornalismo. Admirava o jornal *O Estado de S.Paulo*. Uma vez, com um professor, fomos visitar o *Estadão*. Jamais tive coragem de me candidatar para qualquer vaga nessa empresa. Simplesmente tirei essa idéia da cabeça. Eu achava que nunca seria admitido para trabalhar naquela organização. Sofria de um sentimento enorme de incapacidade. Novamente, a realidade, anos mais tarde, aplicava-me outra bela lição. Acabei virando diretor estatutário de uma das empresas do Grupo Estado e lá atuei por quase vinte anos. Nesse grupo vivi experiências espetaculares como executivo e tive outras superações sensacionais de desafios empresariais.

Quando fui fazer faculdade, meu sonho era estudar na ESPM que, na época, chamava-se Escola Superior de

Propaganda. Depois virou Escola Superior de Propaganda e *Marketing*. Eu sequer passava pela porta dessa escola. Achava que era impossível entrar lá, ser admitido na ESPM. E, mais uma vez, a realidade, anos depois, me bombardeou com mais uma poderosa lição. Tornei-me um professor de pós-graduação da ESPM, lá atuando por mais de 25 anos. Algo incrível para quem achava que nem da portaria daria para passar. Para fazer pós-graduação, meu sonho era a FGV (Fundação Getúlio Vargas). E, novamente, ainda vítima dessa síndrome de boicote pessoal, desse personagem que se enxergava como menor, como um ser inferior e incompetente, nunca fui tentar estudar na FGV. De cara, eliminava essa possibilidade. E, mais uma vez, anos mais tarde, a realidade veio me mostrar quanto podemos nos fazer mal por conta de papéis equivocados que aprendemos a viver. Que não são errados para tudo – são bons para muitas coisas –, mas que, se não os revermos, eles se transformam nos nossos maiores limitadores. Anos depois fui admitido como professor de pós-graduação da FGV de São Paulo.

Impressionante: eu não sabia escrever uma simples carta comercial. Jamais achei que poderia trabalhar no *Estadão*, estudar na ESPM e na FGV. E, passados alguns anos, superei todas essas limitações, que viviam muito mais dentro de mim do que do lado de fora. *A grande virada* acontece dentro da gente!

Na maior parte das vezes, não conseguimos dar *as viradas* na vida porque não acreditamos ser possível. No meu caso, eu era o meu grande "inimigo". O que ocorreu comigo serve para ilustrar o que pode estar acontecendo com você.

Você deve estar se perguntando: se você não acreditava, como conseguiu? Precisei de muita sorte. Agora eu pergunto para você: Imagine só se eu tivesse me ajudado um pouquinho mais? Se eu tivesse dado uma mãozinha para a sorte? Se eu acreditasse muito mais, desde o início, nas possibilidades legítimas de darmos boas e *grandes viradas* na vida? Precisei aprender com a vida e com o tempo. Gostaria que você encurtasse esse processo. Trabalho, suor, profundidade, brio... claro, com tudo isso. Mas seja muito mais veloz do que eu fui. Seja bom, alegre e generoso para com você mesmo.

Antes de apresentar as cinqüenta regras de ouro para dar a volta por cima, fica aqui a pergunta decisiva:

Por que muitas vezes não damos *as grandes viradas* nas nossas vidas?

- Porque não acreditamos que as possibilidades são muito maiores do que as impossibilidades. O mundo é dos criadores. A criatividade pode fazer de um camelô um exemplo mundial; de um ex-vendedor, incansável aos 57 anos, o fundador do McDonald's: Ray Kroc.
- Porque não batemos nas portas da realidade que nos cerca por medo ou desinformação.
- Porque somos dominados por sentimentos de fracasso e de incapacidade.

- Porque desanimamos ao tentar uma, duas, três vezes usando o método errado. Qual? Simples: o de não nos desvencilharmos dos papéis antigos criados para nós, quase sempre por outras pessoas.

Então vamos lá. Vamos viver novos e emocionantes papéis na vida:

Para uma viúva aos 60 anos de idade, *a grande virada* é apaixonar-se de novo por um trabalho, por uma missão, por uma pessoa, fazer novas amizades, freqüentar novos ambientes, como dona Dulce Tupacyguara, que vendeu mais de sessenta mil livros depois dessa idade pelos aeroportos do mundo.

Para um casal jovem, *a grande virada* é aprender a arte da comunicação, compreender que o segredo da longevidade de um casamento reside na possibilidade de evoluírem juntos. CASAIS INTELIGENTES EVOLUEM JUNTOS.

Começar uma carreira, ainda jovem, significa vestir personagens novos, como aprendiz, *trainee*, estudante apaixonado, e desempenhar práticas pequenas que possibilitem aprender realizando, errando e corrigindo.

Para um empresário que passou a ser malsucedido, que não mais contribui para o crescimento da empresa, que perde dinheiro e caminha para a exaustão, um novo papel é necessário: o de deixar de ser executivo e transformar-se em acionista; o de sair do campo de batalha e atuar como membro do conselho de acionistas.

Para enfrentar os principais problemas que não conseguimos superar, é necessário trocar de papéis, transformar nossos personagens sociais, profissionais ou pessoais.

Neste ponto, é bom deixar claro que as grandes viradas sempre têm três fundamentos:

- *Fé*: firme convicção do que precisa ser feito.
- *Amor*: existem múltiplas definições para amor. Uma delas é apego profundo a algum valor que proporcione prazer. "Amor é fogo que arde sem se ver" (Luís de Camões).
- *A hora da virada*: o ponto, o momento quando decidimos. A iluminação. A ignição. O despertar da virada, seja pela queda, pelo choque, pela consciência. O ponto sem retorno, a ruptura com o que era.

Vamos agora às cinqüenta regras de ouro, nas quais tudo isso é reunido.

8 As cinqüenta regras de ouro para dar a volta por cima

Sergey Rusakov

"Amo a liberdade.
Por isso deixo as coisas que amo livres.
Se elas voltarem, é porque as possuí,
se não voltarem, é porque nunca as tive."

JOHN LENNON

Reuni aqui cinco partes que irão compor a sua fórmula para dar a volta por cima. Essas partes começam pelas reflexões das doze perguntas transformadoras e passam pelos cinco segredos das conexões poderosas para dar uma virada na vida.

Dar a volta por cima, superar, no século XXI, não é mais a mesma coisa que era trinta anos atrás. Eu digo para você: é muito mais fácil. Existem mais caminhos, mais comunicação, mais ciência, mais liberdade. As novas ferramentas do conhecimento precisam ser usadas a seu favor. Pelo menos nove são as novas leis da superação – elas compõem a terceira parte das cinqüenta regras de ouro para dar a volta por cima.

Mas você precisa também prestar muita atenção nos segredos dos dez caminhos dos superadores – e isso liga-se totalmente à fé. E olhar desde já para as crianças. A vida de todos mudará para melhor quando as crianças forem tratadas, educadas e preparadas para o mundo de forma muito mais consciente. São onze esses princípios infantis. Terminamos as cinqüenta regras de ouro com as três últimas sínteses, que antes de serem um encerramento são a abertura, um pequeno começo para grandes descobertas.

Quando você chegar ao final da leitura, conseguirá ampliar suas visões inspiradoras. Aprofundará caminhos, os quais já tateava.

Nobre é quem cresce pela reflexão, pela libertação; inteligente é quem o faz pela boa imitação; sofrido é quem sente na própria pele o amargor da experimentação. Mas seja qual for a sua situação, tenha sempre a convicção de que essa nossa passagem existe para exercitarmos a felicidade, o amor, os prazeres e a dignidade da viagem nesta linda nave interestelar azul, a nossa Terra.

Uma das músicas que fiz, e da qual mais gosto pela inspiração e pela conclusão que apresenta, é "Século XXI". A letra segue abaixo e o segredo de tudo é quando a gente encontra o nosso benigno coração:

> Para onde o mundo vai?
> De onde o mundo vem?
> A gente se pergunta, sai à noite, quer amar,
> Ver o destino que cada um tem.
> Procurando nas estrelas o caminho para encontrar alguém.
> Caminhos a seguir,
> Caminhos pra saber,
> Quem vem de lá para cá, não vem.
> Quem foi daqui pra lá, não foi.
> Pensa que fugiu, ficou.
> Estrela é o que brilha quando a gente encontra o coração.
> Ah, o seu caminho...
> Ah, o meu caminho é:
> Criar novas estrelas todo dia, aqui mesmo no chão.
>
> Ah esse caminho é
> Ir refletindo e saber
> Estrela é o que brilha quando a gente encontra o coração.
> Era 21,
> Século 21.
> Essa estrela Terra vai virar um grande coração!

"O homem comum afirma, o sábio pergunta." Com essa frase do filósofo Sócrates, vamos iniciar o vôo pelas cinqüenta regras de ouro para dar a volta por cima. As primeiras doze regras de ouro começam com perguntas.

Permita-se ler as regras de ouro e refletir sobre quanto cada uma faz sentido para você neste momento, agora. Ao final você escolherá as suas regras. Aquelas que são prioritárias para você. Tenha uma livre e feliz viagem até o fim deste livro. Ao chegar ao final, espero que um novo portal de caminhos aponte novos começos. Misture-as, componha cada regra dessas como um ingrediente. A receita e a fórmula serão só suas.

1 Você tem dado chances ao acaso?

"Dicen que las brujas no existen,
pero que las hay, las hay."

DITO POPULAR ESPANHOL

"Sorte é o que acontece quando a preparação encontra a oportunidade."

ELMER LETTERMAN

A existência ou não do "acaso" é discutível. Existem linhas de pensamento que dizem que acaso é o nome que damos aos fenômenos que ainda não conseguimos identificar. Nada no universo seria resultado do acaso. Tudo guardaria uma relação de causa e efeito.

Talvez seja isso. Mas vamos tratar aqui de um acaso mais terreno. Por exemplo:

- Alguns segundos a mais, ou a menos, teriam mudado o meu destino: a lata de cera fervente que atingiu meu rosto não teria passado por mim.
- Alguns metros de diferença poderiam ter mudado a carreira e a vida de Pelé: quando decidiu, aos 15 anos, fugir da concentração do Santos e voltar para a casa dos pais, em Bauru, cruzou com Sabuzinho, filho da cozinheira do clube, que o impediu de sair. Tivesse saído alguns metros mais distante daquele caminho que tomou, nosso Rei não teria tido esse encontro... E quem sabe o que teria sido de sua carreira?
- Ter esperado ou não alguns minutos fizeram você encontrar a grande paixão da sua vida.
- O casamento que começou num *chat* da internet, no Orkut, foi inspirado naquela palavra que fez toda a diferença... E que você poderia ou não ter escrito.

Quando conversamos com pessoas famosas, bem-sucedidas, invariavelmente escutamos que elas tiveram sorte. Lógico, o acaso existe, mas só chega para quem está pronto para ele.

Você tem dado chances ao acaso?

O sr. Otto é um dos diretores da Cooperativa de Café de Guaxupé, em Minas Gerais, a maior do mundo. Esse senhor contou-me uma história sensacional, que ilustra bem esse aspecto de darmos chance ao acaso, ao tempo, ao fluxo da vida.

Um produtor, cooperado, tinha feito dívidas contando com a alta do preço do café. Devido a contingências internacionais, essa alta não ocorreu. As dívidas estavam vencendo e os credores começaram a exercer uma fortíssima pressão.

Esse agricultor era um homem que tinha como princípio não atrasar um dia sequer o pagamento de suas contas. Nunca teve dívidas. Com essa situação, entrou em profundo desespero e depressão. Decidiu conversar com o sr. Otto e dizer a ele que iria entregar sua fazenda e tudo o que tinha para saldar a dívida e depois iria embora da região. Na realidade, esse cafeicultor estaria assinando o seu fim, como produtor e como pessoa.

O sr. Otto olhou bem para ele e perguntou: "Há quanto tempo você não tira férias?".

"Como?", perguntou o agricultor. "Eu estou com essa desgraça toda na minha vida e você me pergunta há quanto tempo não saio de férias?"

"Sim", disse Otto.

"Mas por quê?", retrucou o agricultor.

"Você precisa dar uma 'trucada' na vida", respondeu o diretor da cooperativa. "Se você vai perder tudo agora, 'truca'. Deixe um funcionário seu cuidando do que for possível, vá viajar e só volte daqui a trinta dias. Nesse tempo, piores as coisas não estarão. E quem sabe o que vem por aí? Vamos dar uma 'trucada' no jogo da vida!"

Por incrível que pareça, foi exatamente nos trinta dias seguintes que ocorreu uma mudança completa no mercado do café e os preços explodiram. Em trinta dias esse cafeicultor, que iria perder tudo, conseguiu quitar todas as suas dívidas e continuar no ramo.

Dar uma chance ao acaso, trucar no jogo da vida! Esses trinta dias salvaram a vida de um homem e de toda a sua família. Poderia não ter acontecido nada. Mas dar chance ao acaso significa respeitar exatamente essa força – que na verdade desconhecemos, mas que pode tanto nos fazer cair quanto levantar.

Estar preparado é, sim, fundamental. Mas é preciso também ficar ligado, prestar atenção na vida, ter foco nas nuances e detalhes da realidade e nas suas possíveis mudanças – previsíveis ou não.

> É preciso acreditar que uma centelha pode provocar uma imensa combustão; que uma palavra pode mudar uma guerra; que um olhar pode mudar uma vida; que entrar por uma porta que se abre pode resultar na diferença entre o sucesso e o fracasso.

Ir a um jogo de futebol num determinado dia, hora e lugar pode mudar a vida de uma pessoa: a atriz Pamela Anderson assistia a um jogo da liga canadense de futebol e foi filmada pela câmera de transmissão. Um produtor que assistia ao jogo viu a cena e decidiu convidá-la para outras produções. O *camera man* poderia ter passado ao lado do rosto de Pamela, o produtor poderia não estar vendo o jogo, ela poderia estar com os cabelos na frente do rosto, uma outra pessoa poderia estar naquele momento cruzando a sua frente, como o sorveteiro, o pipoqueiro... Enfim... O acaso existe?

Na arte da *grande virada*, dar chance ao acaso é abrir-se para o desconhecido, não fechar portas, não oferecer resistência ao novo, ao inusitado. Conversar e ouvir gente nova, permitir que energias boas e novas agitem sua vida.

Costumamos associar o acaso às coisas negativas que nos acontecem. Mas garanto-lhe o seguinte: existem muito mais acasos positivos do que negativos nas nossas vidas. Eu não estaria vivo se a minha vizinha de infância, dona Helena, não estivesse ali, exatamente naquele segundo, pronta e alerta para me salvar. Eu não seria quem sou se o mesmo "anjo", a mesma dona Helena, não fosse uma professora de violão e não tivesse insistido para que eu aprendesse música.

A famosa atriz Katharine Hepburn dizia: "Acho que a maioria das pessoas envolvidas com qualquer forma de arte pensa, intimamente, se estão ali por serem realmente muito boas ou por terem muita sorte!".

Dar chance ao acaso é abrir-se para o mundo, para as oportunidades, para a sorte, para o fortuito.

Karina, minha mulher, estava desempregada. Pegou o seu material de professora de espanhol e foi bater em todas as portas que conhecia, procurando trabalho. Em um desses lugares havia espaço para dar uma "aulinha", substituindo um professor que havia saído. Assim começou. Uma pequena oportunidade, em uma classe numa empresa cliente daquela escola. Seis meses depois ela tinha todas as classes naquela empresa, que está posicionada entre as cinqüenta maiores do país. Uma pequena portinha havia se transformado num imenso portal. Karina era preparada, estava lá. Mas foi o procurar no mundo lá fora e não menosprezar as portas onde batia que deu chances ao feliz acaso.

Dê chance ao acaso. Vamos dar uma "trucada" nas forças desconhecidas do universo. Sejam quais forem essas leis, a partir da abertura mental que tivermos, poderemos fazer essas energias trabalharem a nosso favor. Ligue-se no mundo aí do lado de fora de você. Sinta!

2 Se você vivesse novamente, o que faria diferente, mesmo sem poder mudar o destino?

"As únicas coisas que podem ser previstas são as que já aconteceram."

EUGÈNE IONESCO

Fiz essa pergunta à dona Jô Clemente, fundadora e Presidente de honra da Associação de Pais e Amigos dos Excepcionais (Apae). A resposta da querida dona Jô, foi: "Eu teria protegido menos o Zequinha". Com isso ela queria dizer que, ao achar que protegeu em excesso seu filho Zequinha, não havia permitido que ele explorasse todo o seu potencial.

Dessa afirmação sábia de quem vive profunda e intensamente as realidades, as dificuldades e as alegrias da vida, podemos extrair as lições para transformarmos nossas próprias vidas.

Se pudéssemos viver novamente muitos anos, pelos quais já passamos, e sem poder interferir no destino, o que faríamos diferente, então?

Viver. Viver prestando atenção a cada segundo, a cada respiração, a cada batida do coração. Prestando muito mais atenção do que antes. Ficando atento a cada momento.

Eu iria saborear muito mais detalhadamente o sorvete. Iria ouvir com atenção redobrada o som da voz da minha querida mãe adotiva. Trocaria aquele tempo que preferi ir dormir para escutar e prestar muita atenção nas histórias da vida do meu amado pai adotivo. Beijaria mais, abraçaria mais. Diria mais eu te amo. Daria um valor especial aos encontros com os amigos. Faria da qualidade da passagem do tempo o sentido superior da vida. Viveria novos e mais papéis na vida. Teria menos medos. Não entraria em muitas brigas tolas. Porém, não deixaria barato alguns poucos e importantes conflitos que evitei para manter a harmonia. Diria mais sins. Diria alguns nãos que não consegui dizer. Cuidaria mais dos bons amigos. Perdoaria mais. Compreenderia melhor o que poderia ter aprendido com pessoas com as quais não concordava.

Se pudesse viver novamente esse tempo, eu valorizaria extraordinariamente cada pedacinho dele. Multiplicaria cada segundo. Aceleraria a velocidade do "metrônomo", aparelho que usamos na música para dar o tempo dos acordes, e aumentaria a velocidade com a qual dividimos o tempo. Procuraria tocar mais notas a cada segundo, porém com a profundidade da qualidade de cada uma, como se cada uma levasse horas para vibrar.

Quando precisamos dar a volta por cima, caminhar para a superação, é necessário concentração. Foco na realidade. Precisamos tomar consciência de onde estamos, o que nos envolve e como nos envolve. O que aprendemos ao dar voltas por cima é de uma sabedoria valiosíssima e pela qual pagamos o maior preço do mundo: aprendemos na própria pele os custos desse aprendizado.

A intensidade com a qual estamos ligados ao mundo é a medida da consciência com que vivemos. Fugir da ilusão é uma regra permanente da vida. Ilusão não é sonho.

Realizar grande é o princípio vitorioso. Para realizar com grandiosidade precisamos fazer tudo muito bem-feito, a cada minuto. Respirar, comer, ouvir, enxergar, sentir – tudo intensamente. Podemos servir um simples copo de água com nobreza e qualidade. Isso representa valorização de cada detalhe, de cada pedacinho do tempo de viver.

Gostaria de dar um simples exemplo para você. Outro dia peguei minha filha Luciana no colo, por uns dez minutos, na sala de visitas da casa da minha ex-esposa, onde estávamos conversando num final de domingo. E foi tão grande e forte aquela interação dela comigo, nos meus braços, durante aqueles dez minutos! O respeito ao ambiente. O respeito a ela. Aquilo valia por múltiplos abraços que não daríamos por algum tempo durante minha ausência. A intensidade é igual à fórmula de Einstein: $E = MC^2$, onde a energia é igual à massa multiplicada pela velocidade ao quadrado. A intensidade é a atenção ao quadrado.

A consciência sobre a finitude é muito importante para ampliar nossa sabedoria na arte de curtir com elevada intensidade cada momento da vida. Sejam esses momentos agradáveis ou não – ou o que nós percebemos como sendo um ou outro.

É muito relativa a idéia de que a dor seja ruim. Ela não é agradável. A dor não é

Ao viver intensamente todo e cada momento, aprendemos e conquistamos imensos poderes para dar a volta por cima. Podemos não alterar o destino... Quem sabe? Mas mudamos a qualidade de cada impacto da vida e, ao fazer isso, ganhamos a consciência e o conhecimento de viver e interferir nas realidades que nos cercam.

desejável. Porém a dor, seja do corpo ou do espírito, serve como estimulador da cura.

Aprendemos muito com o sofrimento. Aprendemos principalmente a valorizar a imensidão do prazer, da alegria e da naturalidade. Aprendemos a admirar nossos bons momentos. Sabemos que dormir sem sentir nenhum incômodo, seja no físico ou na consciência, é motivo de satisfação e felicidade incríveis.

As dificuldades podem funcionar como grandes estimuladores da volta por cima. A força dos momentos duros, vividos profundamente, costumam nos impulsionar para a superação.

Genghis Khan é considerado um dos maiores conquistadores da história. Cresceu na miséria e na escravidão, pois seu pai foi assassinado em disputas tribais, sendo toda sua família exilada. Quando fez 9 anos, foi raptado por outra tribo e aprisionado com uma canga ao seu pescoço. Fugiu e voltou à sua tribo e, adolescente, liderou seu povo, conquistando um império imenso que ia do Leste europeu até a China.

Foco ao sentir a vida faz a virada. Dançamos com as voltas das viradas!

3 Qual a sua legião? Com quem você anda?

"Dize-me com quem andas e te direi para onde vais!"

DITO POPULAR

"O mais importante da vida não é a situação em que estamos, mas a direção para a qual nos movemos."
OLIVER HOLMES

Somos fruto da qualidade dos relacionamentos que cultivamos na vida. Para nos transformar, precisamos da ampliação, da mudança, precisamos conhecer novas pessoas.

Só a evolução separa. Evolução é o desenvolvimento progressivo das idéias, das empresas e da sociedade. Distâncias entre a consciência, o pensamento e as ações das pessoas e das instituições são as principais causadoras de separações, guerras e sofrimentos. Essa é a verdade mais pura. Não progredimos todos na mesma velocidade. A principal razão para as separações é a diferença dos movimentos evolutivos entre as pessoas.

Uns vão, outros ficam. Uns caminham para a esquerda, outros para a direita. Uns são mais velozes, outros mais lentos. Quando um evolui e o outro não, o resultado é separação.

Nosso crescimento precisa de espelhos. Precisa das referências dos outros, daqueles que já estão na direção que queremos seguir.

Recordo-me de que quando criei minha primeira música, aquela sobre a qual pude dizer "essa música é minha", eu estava inspirado por uma apresentação do Richie Havens, em Woodstock. Ele sozinho com um violão, cantando e repetindo *Freedom, freedom*. Eu conseguia imitar a batida de "Havens" no violão. Era muito ruim essa minha primeira música. Mas ela já existia.

Minha segunda música foi inspirada nas primeiras criações da Tropicália, feitas por Caetano Veloso. Eu andava com a legião de Woodstock de um lado, com o pessoal da Tropicália de outro e tinha como pano de fundo Beatles, Rolling Stones, Creedence Clearwater e o menino Raulzito. Meus amigos eram a garotada que curtia, cantava e adorava essas músicas. A Marcinha era uma legítima musa inspiradora. Da mesma classe do colégio Canadá, em Santos, ela também tocava e cantava. Faziam parte daquela legião grandes e talentosos amigos, entre os quais o irmão maior, Beto, o Roberto Shinyashiki, na época o China, que vinha quieto, tranqüilo, e mostrava as músicas numa inesquecível craviola, que

O cérebro humano é moldado pelo que os outros cérebros fazem. Segundo o dr. Daniel J. Siegel, neurocientista: "As experiências dos relacionamentos exercem uma influência dominante no cérebro porque os circuitos responsáveis pelas percepções sociais são os mesmos, ou estão diretamente ligados àqueles que respondem pela criação de significados e de sentido de vida: a moldagem das emoções, a organização da memória, a capacidade de comunicação interpessoal, os estados da comunicação corporal. As experiências interpessoais executam um papel especial no desenvolvimento do cérebro, não apenas na criança, mas ao longo de toda a vida". Em outras palavras, as conexões sociais afetam as conexões neurais.

guarda até hoje. Tinha o Carlos Pinto, do nosso teatro, o Paulo Márcio, entre outros.

Com essa legião, jovens artistas puros, amigos e admiradores, é claro que alteramos o resultado das nossas vidas e criamos condições para dar as voltas por cima necessárias. Essa legião de amigos e amigas, dos meus 16 aos 22 anos, formou a certeza de que não seríamos mais os mesmos porque estávamos superando, alterando, nos transformando.

Uma boa explicação para nossas transformações vem com a resposta à pergunta sobre com quem caminhamos, com quem estamos, com quem convivemos. Quando estamos vivendo a situação, o momento, não temos essa consciência. Depois, ao olhar para trás, percebemos quanto as relações humanas que tínhamos influenciaram nossa vida.

A qualidade dos amigos, namorados, esposas e maridos, chefes e companheiros de trabalho, dos vizinhos e da comunidade onde vivemos, é decisiva para nossa transformação.

Se você não está feliz com o que é, não tenha dúvida: mude e busque relacionamentos novos, pessoas que compartilhem e que tenham afinidade com o que você quer vir a ser. Uma coisa é certa: ao conviver com pessoas da "mesma tribo", ficamos semelhantes a elas. Por isso, muito cuidado ao escolher e decidir por qualquer tipo de relacionamento. Somos muito parecidos com quem convivemos.

As pessoas, ao mudarem suas vidas, mudam a nossa. Johnny Alf é considerado o gênio puro da Bossa Nova. Sua música "Eu e a brisa" simboliza esse talento. Nos anos 1960, ele e Sérgio Mendes foram convidados para fazer música com balanço brasileiro nos Estados Unidos. Sérgio foi, está rico e mora em Beverly Hills. Johnny não foi, vive com dificuldades financeiras, mas... mudou a minha vida e de inúmeros outros jovens.

Ele organizou os Festivais de Música Popular, nos quais pude sentir o prazer e o valor da música e da criação como um sentido superior de vida. Só fui conhecer Johnny Alf pessoalmente muitos anos depois, mas ele permitiu que eu desse uma das mais importantes viradas e voltas por cima de minha vida. Muito obrigado, Johnny!

Para mudar, precisamos buscar elos, vínculos e relacionamentos com personalidades que nos inspirem e sejam referências estimulantes para os novos papéis que desejamos vir a ter. Ensaiamos o que seremos com as experiências vividas com os outros.

Carlão, um querido amigo, tem uma frase ótima para dizer isso: "Urubu que anda com morcego acaba dormindo de cabeça para baixo".

No estudo moderno da liderança, na gestão de corporações, empresas, negócios, já não discutimos tanto para onde a empresa vai ou o que estaremos fazendo daqui a cinco anos. A razão para isso é simples: a mudança da ciência e da tecnologia são tão grandes, bem como dos movimentos sociais e da comunicação, que o que podemos estar fazendo daqui a três ou sete anos nos negócios é inimaginável hoje.

Quem poderia dizer que o Grupo Positivo, uma rede educacional, poderia assumir a liderança do mercado brasileiro de *notebooks*, roubando a posição que antes era da internacional Dell Computer?

O que imaginar de uma empresa como a Viagen, que entrou no mercado de clonagem de animais e que procura parceiros no Brasil? Você entraria nesse tipo de negócio? Você acredita que daqui a alguns anos o negócio não será mais o de cruzamento normal de cachorros, gatos, bois ou cavalos? "Dá uma raspadinha na pele dos bichos e os multiplica como se fossem fotocópias."

A qualidade da sua vida será resultado da qualidade dos relacionamentos que você tiver. Isso não só fala de você, mas fala por você e diz o que você vai ser.

Onde estarão Google e Yahoo? Os jornais serão os mesmos? A telefonia vai virar televisão e a televisão vai virar computador? Quem diria que as máquinas fotográficas seriam invadidas por celulares, ou que os *pet shops* tomariam conta de cada quarteirão da cidade, proliferando mais do que padarias e farmácias?

Ou seja: Para onde vamos? Sabemos mais ou menos; temos uma noção do "Norte". Porém, hoje, o mais importante no mundo das organizações é definir "com quem vamos".

Isso vale também para nossa vida pessoal. As pessoas com quem você anda têm um impacto em suas decisões, valores e visões. Você usa seu tempo com aquele com quem você anda. Seu tempo é sua vida. E a qualidade da sua vida tem a ver com como você usa seu tempo.

Você pode querer perguntar: "Ah, Tejon, como eu faço se vivo num lugar pobre, simples e humilde? Se estou na favela, na periferia?".

Essa decisão de prestar atenção em com quem você anda e trocar de relacionamentos não tem nada a ver com posses ou bairros, gente pobre ou rica. Falamos aqui de vidas humanas. Até porque as virtudes não escolhem ricos ou pobres, mas são escolhidas por eles.

Quem escolhemos para ser nossos amigos e compartilhar o nosso tempo é algo que faz toda a diferença na nossa virada!!

Nós somos os editores do Jornal Nacional das nossas vidas. Tem notícia de tudo quanto é jeito. Mas só você é o responsável pela edição do seu jornal.

E o que fazer com as pessoas que passam pelas nossas vidas e não nos acompanham? Podemos gostar delas sempre e jamais esquecê-las. Porém, a evolução nos separa. Os caminhos que cada um vai tomar depende do que cada um quer para si, e como quer. Virtude é a disposição constante da alma de praticar o bem e evitar o mal.

Nas voltas por cima, a legião que nos cerca, as pessoas com quem passamos a conviver e em quem prestamos atenção são fatores decisivos para nossa superação e sucesso. Em entrevistas, quando me perguntam a que fator eu devo a minha superação, não hesito em responder: "Atribuo 80% da razão à comunidade onde vivia, à legião humana com a qual compartilhava a realidade, desde minha família adotiva até o bairro, a escola e a cidade de Santos dos anos 1950 e 1960". "E os outros 20%?", perguntam. "Bem, 10% à sorte, ao acaso, aos encontros generosos; e os outros 10% ao talento de escolher e de olhar para o lado criativo do mundo, estivesse eu no fundo do buraco ou na volta por cima".

4 O que você precisa reaprender com a sua criança interior?

"A experiência é uma chama e só ilumina queimando".

BENITO PEREZ GALDOS

A técnica da virada, da volta por cima, da evolução que é a superação fora da zona de conforto precisa, e muito, do seu lado criança.

Os grandes momentos da vida profissional, empresarial, criativa, acadêmica e pessoal só acontecem quando ocorre a vitória da criança. A vitória da nossa criança interior, da criatividade, do diferente, do inesperado.

Nosso adulto racional e esquematizado não consegue lidar em alta velocidade com o surpreendente dos acasos, ou com o choque das realidades que nos obrigam a mudar de papel velozmente. O novo se dá bem com o nosso eterno novo, com a nossa fonte da juventude, com a nossa criança viva, esperta, acordada e pronta para agir.

> Manter viva a sua criança e chamá-la fervorosamente para as transformações é estar no comando dos atores, das personalidades e dos vários talentos que existem dentro de você. Chamar a sua criança de volta e aprender de novo com ela pode ser o único jeito de você iniciar *a virada*, a volta por cima.

Chamar a sua criança para a cena e reaprender com ela. Permitir que ela cresça e viva ao seu lado, ao contrário do que muitos pensam, não significa ser dominado pela sua ingenuidade o tempo todo. Não é ser escravo dos seus desejos e ímpetos descontrolados. Muito menos obrigar o mundo que o cerca a ser escravo das suas intempestivas alterações de humor.

Por que tem tanto adulto que se perdeu da sua criança interior?

O resgate da esperança pode vir de começar a brincar de um novo papel na vida. Lembra-se? Vamos brincar de médico e paciente. Vamos brincar de vendedor e freguesa. Vamos brincar de mamãe e filhinha. Vamos brincar de banco imobiliário. Vamos brincar de cabra-cega.

Thomas Edison obteve 1 093 patentes na sua vida. A primeira aos 22 anos. Era considerado um "estúpido" pela escola que freqüentou. Foi alfabetizado em casa pela própria mãe. Não terminou o primário, pelo menos não por meio dos procedimentos oficiais.

A primeira experiência desse eterno menino foi fazer com que um amigo ingerisse um pó que produzia muito gás quando em contato com a água. Edison queria ver se com esse gás o amigo poderia flutuar como um balão.

Já adulto e famoso, numa casa de campo que tinha, mantinha um sem-número de mecanismos e engenhocas. Uma delas era uma catraca grande, no portão de acesso. Todas as pessoas que entrassem ou saíssem da casa precisavam fazer a catraca girar. A cada virada do mecanismo, cerca de trinta litros de água eram bombeados para a grande caixa-d'água no telhado. Divertir-se enquanto vivia, trabalhava e estudava era o diferencial de Thomas Edison.

Mais tarde, através de estudos sociológicos como os de Domenico De Masi, autor de *A regra e a emoção* e *O ócio criativo*, concluímos que o ambiente poderoso para o desenvolvimento de equipes criativas acontece quando podemos trabalhar apaixonadamente, estudar entusiasticamente e nos divertir intensamente, tudo ao mesmo tempo, no mesmo lugar.

Ringo Starr é outro que não terminou oficialmente a escola primária. Não foi o responsável direto pela criação das músicas dos Beatles, mas sua permanente "infantilidade" era brutalmente inspiradora. *It's been a hard day's night* foi uma expressão criada por Ringo, entre seus amigos, falando de como havia sido a noite, após um dia duro de trabalho.

Aspectos vivos da nossa infância definem eternamente o que somos. Voltar aos mesmos fundamentos nos momentos difíceis é como ir beber da fonte inicial, como retornar à pureza da nascente do rio das nossas vidas.

Tina Turner, extraordinária cantora de *rhythm-and-blues*, expandiu sua poderosa voz na infância. Na área rural, as pessoas ficavam distantes umas das outras e se comunicavam aos gritos, de uma casa para outra.

Jules Leonard é considerado o maior trapezista de todos os tempos e criador das roupas que até hoje os artistas do trapézio utilizam. Quando era um bebê, para que parasse de chorar, seus pais o deixavam pendurado num trapézio.

O retorno à nossa criança interior nos ajudará nas transformações que precisamos realizar.

Lembro-me de um exemplo na empresa. Estávamos vivendo uma situação muito difícil de recursos humanos. O clima era depressivo. O ambiente, hostil. O pior do lado competitivo das pessoas circulava pelos corredores da companhia. O inimigo não era o concorrente, era o colaborador mais próximo.

No meio disso, uma jovem *trainee* do departamento de recursos humanos apresentou uma idéia para mudar o estado de espírito do grupo. Como? Através das crianças, filhos e filhas dos funcionários, e do despertar das crianças que todos nós temos guardadas no nosso íntimo. Uma ação envolvendo os filhos dos funcionários, com dia de convivência nos escritórios, decoração com os *Teletubies*, que estavam no auge na época, programa de piquenique e parque infantil no sábado, teatro, concursos. *Buttons de Teletubies* sorrindo, engajamento das secretárias, dos *office-boys*, dos vendedores. Gincanas com touros mecânicos e dias de temática *country*.

Na verdade, a revisão das atitudes dos líderes e das estruturas organizacionais fizeram o lado do trabalho racional. Porém, esse espírito infanto-juvenil criou um ambiente novo. A presença das crianças de verdade aproximou os pais.

Quando organizamos eventos empresariais e levamos o pessoal para a prática de jogos, *rafting, rallies*, vivências externas e convenções, estamos convocando esse espírito jovial para dominar o espaço e permitir a ampliação dos nossos papéis profissionais e sociais.

Nas viradas, nas voltas por cima, o que precisamos reaprender com nossas crianças interiores?

Precisamos voltar a acreditar, a restabelecer a fé. Imaginar como caixinhas de fósforos podem ser transformadas em trenzinhos. Sonhar com o modo como pregadores de roupa poderiam virar um teclado de piano, como fazia Guilherme Arantes, músico e compositor na sua infância, enquanto não tinha um piano de verdade.

Existem situações em que somente a nossa criança nos salva. Brincar novamente do que vamos ser quando crescer significa zerar o que sabíamos para poder começar de novo. Nos tombos, é fundamental criar uma imagem de si mesmo novamente de pé, no lado superior da curva ascendente. É preciso sentir e pensar novamente como criança. É preciso abstrair a realidade racional para encontrar soluções.

É como na história de um professor de filosofia que colocou uma pedra sobre a mesa e disse aos alunos: "Escrevam um ensaio metafísico provando que essa pedra não existe". Somente um aluno tirou 10. O que ele escreveu? "Que pedra?"

A capacidade de voltar à brincadeira infantil é muito utilizada por pessoas que precisaram enfrentar momentos de vida ou morte.

O general norte-americano, Douglas McArthur, na Primeira Guerra Mundial, motivava seus homens avançando contra as trincheiras alemãs sem usar capacete, armas ou máscaras contra gases. Levava nas mãos apenas um chicote do tipo que se utiliza para conduzir o cavalo. Olhando a distância, era como se estivesse brincando de guerra. Mas dá para imaginar o poder motivacional dessa "brincadeira" na vida real.

Charles Chaplin foi outra eterna criança. Numa viagem, ele viu um concurso de imitadores de Chaplin. Secretamente, inscreveu-se, concorreu e, pasmem, não venceu. Pegou o terceiro lugar.

Dona Raquel Alvo foi a maior vendedora por telefone que conheci. Ninguém ganhava dela em uma campanha de vendas. Já passava dos 70 anos de idade, mas era sempre campeã. Gerenciava a si mesma. Trabalhava em casa, como *telehouse* – esse era o nome do seu posto. Não precisava de supervisão. No último ano em que dona Raquel trabalhou, até o dia 15 de outubro foi a campeã em produtividade e número de contratos realizados. Nesse triste mês, ela foi informada de que tinha câncer.

> Nossa criança permite que possamos voltar a brincar de vida. E essa brincadeira é o preparo para as novas vidas.

Trabalhou até o dia 15. No dia 16 foi internada. Dois dias depois fui visitá-la no hospital. Com o sorriso infantil estampado na face, chamou-me e disse: "Tejon, eu vendi para o médico!".

"Vendeu o que, dona Raquel?"

"Vendi para ele a idéia de que não quero ficar sozinha lá na UTI. Quero ficar aqui, ao lado da minha família e dos meus amigos."

Dois dias depois, dona Raquel partia desta vida, com certeza começando outra em diferentes universos. Somente a criança eterna e viva de dona Raquel poderia mantê-la como uma campeã, jovial e espirituosa, e fazer com que suas últimas horas fossem muito mais de renascimento do que de morte.

Para dar a volta por cima é necessário construir novas vidas, novos papéis. A criança nos ensina brincando. E o que seria a felicidade nesta nossa passagem pela Terra? Seria a nossa criança viva, do principio ao fim, como lado forte dos passageiros que somos.

Um dos momentos mais felizes da minha carreira profissional passei na Agroceres. Essa empresa era a líder no ramo de genética vegetal e animal em todo cinturão tropical do mundo. Com certeza, todo sucesso que obtivemos com aquele belo grupo de profissionais e amigos devemos ao talento que tínhamos para deixar nossas crianças criativas, ousadas, corajosas e irreverentes atuarem no mundo real. A marca Agroceres consagrou-se para sempre como *top of mind* no ramo do agronegócio, mesmo depois da venda de parte da companhia para a multinacional norte-americana Monsanto.

A juventude eterna do presidente, na época o dr. Ney Bittencourt de Araújo, e a jovialidade eterna do fundador, Antonio Secundino de São José, irradiavam o espírito da "neotonia", termo oriundo da biologia que denota a capacidade das células de permanecerem jovens, de não envelhecerem. Trazido para o convívio humano, representa a eterna fonte da juventude, algo que uma pessoa pode guardar para sempre: o espírito jovem, a abertura, a flexibilidade, o humor, a alegria, a renovação de esperanças, a irreverência, o eterno aprendiz. Significa também manter-se fisicamente disposto, como Jorge Gerdau, que ainda pega suas ondas com a prancha de surfe; como o Shinyashiki, mandando ver na sua guitarra na Dinossauros Rock Band; como o "velho Nishimura", da Jacto de Pompéia, que, perto dos 100 anos de idade, diverte-se como mentor da Fundação Shunji Nishimura, preparando jovens para o mundo real. Representa a criança viva do sr. José Sanseverino, exemplar curador da Santa Casa de Porto

Alegre, a mais saudável de todas as santas casas do país, ou o vigor de Jorge Buneder, que dirige exemplarmente a Stemac, cujos balanços sociais são impecáveis. É o meu ídolo, dona Jô Clemente, fundadora e presidente de honra da Apae; é a Vovó Justina, da minha infância; é o amigo, a amiga, a professora, o vizinho, aquele tio, aquela pessoa que vive e revela a força poderosa da jovialidade dentro de si. É Mara Grabrilli, da secretaria especial de portadores de deficiências, uma ex-miss que virou rainha da beleza transcendente.

Walter Casagrande Jr., o "Casão", ex-jogador de futebol e comentarista esportivo, explica que para vencer a batalha contra as drogas "é necessário aceitar que se é dependente e que se estará em recuperação diariamente, até o final da vida, porque a droga é sedutora".

> Quando adultos, ficamos dominados pelos estereótipos do sucesso e não cultivamos mais o sabor das pequenas vitórias. Ao contrário, acabamos engrandecendo "tsunamicamente" as pequenas derrotas ou escorregões.

Essa recuperação e a superação, que representam aprender a viver um novo papel interior, são obtidas com ações diárias de cultivo de hortas, sessões de relaxamento e partidas de futebol com os companheiros na quadra de uma clínica.

Essa vitória da nova consciência da criança interior de que fala Casagrande é como se fôssemos buscar uma nova planta lá na base da nossa semente original. Uma vitória só possível com o prazer. Uma celebração vigorosa pelas pequenas vitórias. Crianças vibram com pequenas vitórias, naturalmente.

"Tenho prazer em sentir que estou evoluindo. A recuperação é muito mais difícil do que afundar, mas posso falar com certeza que é muito mais prazeroso estar se recuperando e limpo do que estar usando drogas", afirmava o "Casão". Com certeza, se ele mantiver o aprendizado da nova vida com a força saudável da sua criança interior, marcará gols memoráveis, como exemplo de dar a volta por cima.

Não vivemos para encontrar o velho que existe dentro de nós. Vivemos para reencontrar a consciência pura da criança que sempre existiu, existe e existirá eternamente dentro do ciclo infinito da substância de vida que nos anima indefinidamente. Você já viu o Maestro João Carlos Martins regendo sua orquestra? Não, então vá ver: um grande homem é uma grande criança dentro de um adulto.

5 Você se vê como um fim ou como um começo?

"Existem três atitudes fundamentais para enfrentar a vida: felicidade da tranqüilidade; felicidade do prazer; felicidade do crescimento. Só existe verdade na ascensão: o arrebatamento diante do futuro."

TEILHARD DE CHARDIN

Auto-respeito.

Auto-respeito.

Auto-respeito.

Repita essa palavra centenas, milhares de vezes ao longo de sua vida. Nas voltas por cima que você sabe e que não sabe dar. Repita insistentemente: auto-respeito. Ensine às crianças. Auto-respeito, o respeito por si mesmo.

Somos um eterno começo, um eterno recomeço. Na arte de dar a volta por cima é preciso desenvolver novas habilidades, montar novos quebra-cabeças, sentir-se útil, em progresso, em obras, *under construction*, como aprendemos a ver nos *sites* da internet que ainda estão sendo elaborados.

O ponto de ruptura na transformação é quando largamos a idéia de que somos um fim, ou de que já acabamos. A idéia de término é boa, desde que carregue dentro de si a agitação do novo nascimento. Não somos nunca um fim; somos sempre um começo. Não importa o que esteja ocorrendo com você. Não importa onde você está. Não importa se vive num dos mais tenebrosos infernos ou numa calmaria asfixiante. Veja a coisa toda como um começo. Lembre-se: "O futuro fica em cima do futuro e não embaixo do passado".

Estabeleça uma visão bem clara de você mesmo amanhã. Faça isso consigo mesmo. Crie a visão da coisa. É arte mental. Faça isso com você e com as pessoas que ama.

Minha vizinha, dona Helena, professora de violão, salvou a minha vida no dia do acidente. Depois salvou minha mente e minha alma com a música. Mostrava os acordes, as seqüências, dó, fá, sol... ré, sol, lá... Explicava quantas músicas diferentes podíamos tocar com a mesma seqüência. Dona Helena tinha sempre um bolo e um copo de leite para depois das aulas e falava para as pessoas da sua casa: "Esse menino já está ficando um artista".

Auto-respeito. Se não aprendermos isso, não adianta cobrar respeito do mundo por nós.

Vejo muita gente que não consegue dar a volta por cima, superar, transformar, pois fica esperando que o mundo à sua volta mude. Para transformarmo-nos é necessário assumir que somos começo, não fim. É fundamental resgatar o auto-respeito. Quando crianças, somos dependentes da comunidade, dos mentores, da qualidade de quem nos cerca. Quando jovens e adultos, já temos o discernimento para fazer o bem por nós mesmos.

Podemos, pelo menos, pedir ajuda às pessoas certas. Mudar, sair dos ambientes ruins. Trocar de emprego onde o clima é nefasto, orientado pelo mal, pela supressão da liberdade da descoberta do seu potencial.

Somos quase como educadores de nós mesmos.

Maria Montessori foi uma das educadoras mais importantes de todos os tempos. A primeira mulher a matricular-se na Universidade de Roma e a primeira a formar-se como médica na história da Itália. Ela começou pesquisando e trabalhando com crianças e adultos com dificuldades mentais, que lhes impedia de receber educação tradicional.

O pai de Maria Montessori não gostava nada dessas inclinações da filha, pouco femininas para a época. Naquele tempo, o convento e o lar eram o destino típico das mulheres de família.

Em 1901 ela dirigia uma nova escola ortofrênica da Universidade de Roma, que era usada como asilo para crianças deficientes e insanas, a sua maior parte autistas. Ela observava que as crianças precisavam de estímulos, atividades e liberdade. Elas precisavam aprender a cuidar de si mesmas e ser ensinadas a cuidar do próprio desenvolvimento. Uma das exigências da escola é que os funcionários tratassem com o máximo respeito todas as crianças.

O auto-respeito é a mola da superação. Não importa o que você tenha feito. O que esteja vivendo agora. É sempre possível reencontrar o auto-respeito. Encerre as portas do passado. Traga as lições tiradas dele. Comece de novo. Nunca igual. Não é para ser igual. É diferente, transformado. Cultive o auto-respeito. Com ele o mundo que o cerca aumentará o respeito que sente por você.

Na volta por cima somos como crianças renascendo. E como estamos no começo, precisamos de uma nova educação. De novos papéis na vida.

Em seus trabalhos, Maria Montessori se aproximou de dois médicos franceses, Jean Itard e Edouard Seguin, que faziam um ótimo trabalho com um garoto chamado de "rapaz selvagem de Aveyron". Ele havia sido encontrado abandonado e vivendo nu na floresta. Lá viveu sozinho por dez anos. Não sabia falar; não tinha relação alguma com a vida da civilização. Tratava-se de um "homem natural": tinha se desenvolvido sozinho, sem a cultura e a socialização.

Esses estudos revelaram que existem períodos de desenvolvimento no crescimento humano em que uma criança precisa receber estímulos para aprender conceitos importantes. E se não os aprender nessa fase, será difícil aprendê-los mais tarde. Não é impossível, é mais difícil.

Assim, toda a educação que destinamos a nós ou às crianças exige observação cuidadosa e experimentação, pois mexe com vidas. Para adultos, trabalhos novos, compromissos novos, obras novas. Realizar no presente, aqui, agora, já.

Maria Montessori aplicou o método da observação cuidadosa das crianças e de estímulos experimentais. Com isso obteve êxito. Seus deficientes passavam nos testes do sétimo ano das escolas públicas da Itália.

Se isso dava certo com os deficientes, com as crianças normais deveria ser espetacular. Mas o ministro da Educação não concordava e Maria foi impedida de trabalhar nas escolas públicas.

Diante desse enorme obstáculo, Montessori jamais pensou que seria o fim de tudo. A porta fechada pelo ministro da Educação era só a consciência da abertura de um novo começo, diferente. Outra alternativa. Ela abriu, então, "casas de crianças". Todas na periferia de Roma. Todas pobres, em situação muito difícil. A primeira dessas casas tinha cinqüenta crianças de 2 a 5 anos. Montessori aplicou o mesmo método que aplicava nas crianças deficientes nas crianças normais. Os resultados foram extraordinários. As crianças normais aprendiam rapidamente a mexer com os jogos e logo desenvolviam inúmeras atividades, que faziam com que elas criassem habilidades e ganhassem auto-respeito.

Em São Sebastião, cidade-satélite de Brasília, professores fizeram o mesmo com as crianças do ensino fundamental do Centrão, a escola pública local. Uma pilha de quinhentos livros sobre as histórias de cada jovem foi reunida no dia da finalização dos trabalhos. Que espetáculo! Quanto auto-respeito foi criado ali.

Não podemos querer obter os resultados na velocidade da luz. Precisamos ter um dimensionamento do progresso ao longo do tempo. É necessário termos em mente que as causas nascem antes dos resultados, das conseqüências.

"Ajudar a vida, torná-la livre, permitindo, ao mesmo tempo, que ela se revele por si mesma." Esse fundamento de Maria Montessori está implícito nesta pergunta transformadora: você é um começo ou um fim?

> Ao nos vermos num recomeço, passamos a ser como as crianças de nós mesmos. Lutar contra a preguiça, o desânimo; o querer ficar como está, deixar para lá, são transformações vitais. Ao começar de novo, não podemos querer atropelar o tempo. Eucaliptos levam sete anos para crescer. Milho, alguns poucos meses. Alfaces, alguns dias.

Começo é a resposta. E para começar precisamos de auto-educação. Auto-respeito é a pedra da salvação, o gole do cálice regenerador. Ser arrebatado pelo futuro, pelo novo que podemos vir a ser é o motor das voltas por cima.

6 Para quem na vida você é importante?

"Para sermos plenamente nós mesmos, somos obrigados a nos ligar ao próximo."

FLÁVIO DE TOLEDO

Para quem na vida a minha vida é importante?

Se não tivermos o olhar apontado para algo forte que represente uma motivação para dar a volta por cima, para a superação, dificilmente conseguiremos.

É comum nos superarmos numa matéria na escola para não decepcionarmos um professor que admiramos.

Muitos colaboradores nas empresas dão o máximo pelo chefe.

Soldados em situações limite entregam suas vidas para salvar a dos companheiros, pela bandeira, pela causa que amam.

Camicases, os pilotos suicidas japoneses, davam sua vida em combate, pilotando aviões bomba contra alvos inimigos. Suas vidas eram importantes para a vida da pátria. Somos movidos pela oferenda das nossas vidas a causas, coisas, pessoas, países e até times de futebol. Trocamos nossa vida por valores. Podemos colocar nossa vida a serviço de empresas, religiões, bens, poder.

Para quem minha vida é importante? A ética é fundamental para julgar e avaliar a qualidade e o significado dessas ligações. Sobre a conexão entre nossa vida e sua serventia.

Estamos sempre a serviço de algum significado, algum sentido. Matamos e morremos por amor a alguém, por exemplo. Dedicamos nossa vida a um cargo, uma posição. A quem nossa vida serve, ao fazer isso? Essa pergunta é de enorme poder transformador, no exercício das voltas por cima e das superações que precisamos realizar. O que nos mantém guerreiros, campeões, lutadores, perseverantes, vencedores, quando ninguém acredita mais em nós?

> Para quem nossa vida é importante na vida? Pode ser o reconhecimento e o amor a alguém que já se foi. Pode ser para alguém que ainda irá nascer. Filhos, netos ou pessoas de um lugar pobre ou desafiador do mundo. Por que vale a pena dar a volta por cima?

Nossa vida está servindo às boas ou às más causas? Precisamos de algum mergulho na ética para refletir sobre coisas. O que é ética? São os estudos dos juízos de apreciação referentes à conduta humana, suscetível de qualificação do ponto de vista do bem e do mal, seja relativamente a determinada sociedade, seja de modo absoluto.

Quem, Darth Vader ou Luke Skywalker, em *Guerra nas estrelas*, deu *a grande virada*? Ambos, pai e filho, ao transcenderem a si mesmos. O pai nos últimos minutos de vida. O filho consciente e forte pronto para todo o futuro pela frente.

O filósofo Nietzsche nos ensinou: "Viva esta vida como se fosse vivê-la novamente". Isso nos pede um pouco de viagem ao futuro, para procurar analisar a vida de trás para frente. Viva esta vida como se fosse vivê-la novamente... "E você irá!", dizia ele!

Tenho orgulho de decisões tomadas em voltas por cima, em momentos difíceis de superação, nos quais minha opção foi pelo que minhas atitudes provocariam a centenas de pessoas das empresas que dirigia, por exemplo. Ou de quando levava meus filhos pequenos para o aeroporto, onde embarcariam para uma nova vida na Itália. Embora sofresse muito, dentro de mim recebia o conforto de estar fazendo o melhor para eles, para o crescimento deles e para suas vidas.

Entretanto, me envergonho de decisões acovardadas, em que pensei primeiramente no que seria melhor para mim. Ou pior ainda, privilegiei o conforto, a comodidade. Não quis enfrentar as coisas como elas deviam ser enfrentadas. Fui dominado por um egoísmo que falsificava o que tinha que ser feito, por um engano terrível. Sempre que decidia primeiro pelo dinheiro, e depois de um tempo vinha um mau resultado. Dinheiro é sempre meio, nunca um fim.

Aprendemos a tirar conclusões erradas da vida. É muito importante aprender a saber o que queremos ou não. Saber dizer não, dizer sim. Não podemos fazer a nós mesmos o que não faríamos aos outros.

Por considerar primeiro minhas próprias necessidades, por querer me proteger, muitas vezes tomei decisões erradas e cometi sérios erros. Estamos sempre decidindo pelo que é importante na nossa vida, que se liga à vida de alguém ou de uma causa. Quando alguém imaturo diz "Vou fazer o que é bom pra mim e pronto", cuidado! Vale boas reflexões. O que é realmente bom para você? O que é colocar você em primeiro lugar?

Enxergo hoje, depois de contar com o benefício do tempo passado, que essas foram sempre as decisões mais infelizes da minha vida. A covardia não ajuda. A incapacidade para alinhar nossa vida ao significativo e importante, àquilo que transcende a nossa própria pessoa, não nos ajuda e não ajuda ninguém. É uma ilusão.

Mais difícil ainda é decidir nas encruzilhadas. Quando fazer o que é certo representa desagradar a todos. Para enfrentar isso precisamos não temer o conflito. Para evitar encrenca e confusão, acabamos nos deixando levar. Servimos ao senhor errado, pensando que estamos certos, com a pretensão de não sermos passados para trás.

Na arte das voltas por cima da vida é importante botar a cabeça no lugar e definir para quem a nossa vida é importante. Dedique-se a alguém, a alguma coisa: orfanatos, asilos, centros de valorização da vida, adoções. À sua empresa, sua profissão, e ao que elas fazem pela sociedade. Ou simplesmente ame e se deixe amar por alguém. Não é tão difícil assim.

A vida não é gerada a partir do corpo. É a vida que produz o corpo. Não é o mundo que gera o sentido da sua vida. É você que dá significado e sentido para a sua vida no mundo.

Para quem na vida você é importante? Por que eu vou dar a volta por cima na situação que me envolve e a quem vou dedicar este esforço?

Se a sua resposta, ainda assim, for "para você mesmo", responda então a esta outra pergunta:

Para quem a sua vida é importante?

Coragem para se decidir pelo que é o certo a ser feito costuma sempre ser acompanhada de uma visão da resposta certa a esta questão transformadora: Para quem minha vida é importante? O engano nessa resposta é fatal e aumenta ainda mais o tamanho das nossas quedas.

7 Sua vida está a serviço do que você pensa, ou o que você pensa serve sua vida?

"A prisão não são as grades e a liberdade não é a rua. Existem homens presos na rua e homens livres na prisão. É uma questão de consciência."

GANDHI

A regra de ouro n. 7 coloca você no estágio da reflexão a respeito do que é o mundo. Não é o mundo que gera sentido para a sua vida. É você quem orienta, cria significado e dá sentido para a sua vida. Qual é a sua missão, quais os seus valores, qual a sua visão de mundo?

O filósofo Teilhard de Chardin diz: "Não só fisicamente, mas intelectual e moralmente, o homem não é homem a não ser que se cultive".

Todo ser humano é o resultado daquilo que pensa. Portanto, se não cultivarmos os pensamentos daquilo que seja realmente a vida, poderemos estar colocando a vida a serviço de pensamentos totalmente errados. E ao invés de darmos voltas por cima, daremos voltas para baixo.

Pensar certo ou pensar errado é a diferença entre a lucidez e a insensatez. Mas, qual o problema do insensato? É algo imenso. Um insensato nunca está sozinho. As turbas, as tragédias, os suicídios, os crimes, os infortúnios, as desgraças empresariais, as falências, os desgovernos, nunca são realizados por pessoas isoladas. Pode observar: um fracassado nunca está sozinho, um incompetente não vive só. Os malsucedidos estão sempre reunidos e unidos pelo mesmo ideal, o de fracassar em conjunto. E levam isso muito a sério.

O segredo mais difícil de ser guardado por uma pessoa é a opinião que ela tem de si mesma. Nossos pensamentos são importantes como servidores da nossa vida. Quando colocamos nossa vida a serviço dos pensamentos, teremos a vida que os nossos pensamentos determinarem.

A vida é muito nobre e valiosa para ficar escrava dos pensamentos.

Faça uma análise de si mesmo. Quantos sofrimentos você já viveu desnecessariamente? Quantos jogos de futebol você deixou de ver, acreditando que seu time fosse perder? – e depois saiu louco e alucinado, tentando achar uma fita gravada por algum amigo, para ver o grande jogo que você não teve coragem de assistir.

Quantas vezes você sofreu por achar que estava na lista de demissões da empresa, naquele plano de redução de custos, no qual nunca realmente esteve?

Quantos negócios você achou que não seriam realizados, mas foram, depois de você ter sofrido por achar que não atingiria as metas da empresa?

Veja só quanto sofrimento por antecipação. Quando estamos no meio do rodamoinho da vida, de cabeça para baixo, nas voltas por baixo, chegamos a acreditar que não voltaremos à superfície. Perdemos o chão.

No começo dos meus treinamentos com o surfe, em Santos, estava na praia num dia de ressaca. O mar agitado, as ondas quase chegando nos jardins. Correntezas fortes.

Peguei uma onda e ela me virou. Por instantes que pareceram uma eternidade, fiquei desorientado. Não sabia para que lado estava o mundo. A própria água pareceu-me desaparecer. Nada tinha consistência em volta de mim. Tive a impressão de estar envolvido num algodão rarefeito. Ou solto no meio de nuvens. Eram bolhas e bolhas. Ar e água explodindo na minha cabeça. Meu pensamento já informava que eu poderia morrer, quando senti a resistência novamente da água e um empuxe para cima.

Vida novamente, quando meu pensamento quase me mata. O pensamento sempre morre antes. O pensamento precisa servir à vida e jamais o contrário.

Marie Curie foi a mais importante cientista da história humana. Ganhou nada menos do que dois prêmios Nobel. Foi a descobridora da radioatividade. A primeira mulher a ser aceita como professora e palestrante na Universidade de Paris (Sorbonne) e a primeira mulher a ter o direito de ser sepultada no Panteão de Paris.

Quando seu marido faleceu, ela ficou profundamente abalada e isso fez com que dedicasse todas as suas forças e seu poder mental para concluir os trabalhos que ela e seu esposo, o cientista Pierre Curie, haviam começado juntos.

Marie Curie colocou seu pensamento a serviço da missão da sua vida. Trabalhou arduamente com o intuito de concluir os estudos que seu marido havia iniciado.

Em 1911, ganhou o Nobel de química por ter conseguido isolar o urânio puro. Depois descobriu e viabilizou o uso do raio X e orientou suas descobertas para a cura de doenças. A radioterapia e a quimioterapia devem sua existência aos esforços de Curie. Em 1934 faleceu de leucemia, originada pelas exposições excessivas à radioatividade, que ela estudava e desenvolvia.

> Na transformação, precisamos tomar pé da situação. Precisamos descobrir como está nossa vida e então organizar o pensamento para servir às viradas que temos que dar. Não é nadar contra a corrente. Não é desesperar quando você está sendo virado nas bolhas de ar de uma enorme onda.

O pensamento, os estudos, o foco mental e cerebral de Curie foram colocados a serviço da sua vida. Quando essa sinergia ocorre, a vida e o pensamento são combinados. A emoção casa com a razão. A missão de uma vida é comandante superior das atitudes.

Quem está no comando do nosso líder interno? A missão e o compromisso de vida. Na transformação para a superação, aquilo que nos fez cair pode ser a força que nos fará reerguer. O que nos bota pra baixo e nos enfraquece também, no outro lado da moeda, nos fortalece. Os tombos são ótimos para nos empurrar para a luz da nossa passagem. Como cegos vamos tateando, mas a boa notícia é que aprendemos a andar, caminhar, viver. Bons deficientes visuais enxergam muito mais do que grande parte dos que tem os olhos bem abertos.

Colocar o pensamento a serviço maior da vida é a superação que a própria Marie Curie fez. No começo da vida, trabalhou como governanta e se apaixonou pelo filho da família rica que a empregava. Os pais do rapaz não autorizaram o casamento. Curie considerou a hipótese do suicídio, porém, colocando um sentido maior e superior na sua vida, resolveu dedicar-se à pesquisa científica.

Agora, alguém pode perguntar: O que é a vida? Como definimos vida? O que vale ou não a pena, como ter sentido, significado na vida? Qual a razão de viver? Como posso saber qual é a minha missão na vida?

Espero que você não precise chegar ao ponto de quase perder a vida para descobrir um sentido nela. Nem que você precise perder pessoas queridas, ser injustiçado, ver tudo o que obteve com luta e superações ser mais uma vez arrasado por circunstâncias incontroláveis, ou do acaso.

Espero que você não precise passar pelas privações das guerras, por seqüestros, nem sentir a brutalidade dos ignorantes sem consciência das leis de causa e efeito.

Espero que você não precise provar das dores agudas dos erros de comando, dos incompetentes no poder, enfim, desejo que você consiga crescer e descobrir a missão da sua vida através da nobreza da profunda reflexão, ou da escolha das boas imitações.

O seu pensamento serve à sua vida ou a sua vida é escrava do seu pensamento?

A última função da razão é reconhecer que há uma infinidade de coisas que a ultrapassam. Costumamos aprender pouco com a vitória mas muito com as derrotas.

Coloque a sua imaginação a serviço da sua vida. Vida é o que você faz a cada segundo. Preste atenção nos momentos. Meus arrependimentos, ao analisá-los a fundo, foram causados por que vivia distanciamentos, vivia longe das realidades. E como não as sentia, não as beijava e nem as cheirava, meu cérebro se incumbia de pensar o que queria. E o que ele queria pensar? Não era o que eu precisava pensar. Pensamos como nos mandam pensar. Pensamos como fomos criados para pensar. Pensamos pelas palavras que acabaram de fazer a nossa cabeça. Pensamos pela moda, ou pelo que algum louco achou e interpretou nas entrelinhas das músicas dos Beatles,

Virtude, vontade da alma que leva a praticar o bem e evitar o mal. Muitas são as virtudes. Entre elas, André Comte-Sponville, filósofo contemporâneo, menciona a polidez, a fidelidade, a prudência, a temperança, a coragem, a justiça, a generosidade, a compaixão, a misericórdia, a gratidão, a humildade, a simplicidade, a tolerância, a pureza, a doçura, a boa-fé, o humor e o amor.

que não estavam nem aí com esses intérpretes de filosofias inexistentes.

Na minha infância via várias famílias decidirem que uma filha ia ser freira. Colocavam isso nos cérebro delas e 90% iam felizes para os conventos. Era colocar a vida a serviço de um pensamento.

Adquira o bom vício de aprender a pensar ao seu jeito, ao seu modo. Mas busque pensar certo.

Por que alguém pensando errado se une a outra pessoa pensando errado? O que é pensar certo?

Pensar certo é estar em convergência com a inevitabilidade da evolução. E isso é construído com a compreensão da ética e vem servida nos pratos das grandes virtudes. E quais são as grandes virtudes?

Coloque uma missão na vida. Comece já e a ajuste tantas vezes quanto as paredes da realidade forem demolidas por novas realidades que você irá desenhar.

Nas viradas da vida, mudar e transformar o pensamento é o fogo sagrado das voltas por cima. Louco é aquele que quer obter resultados diferentes fazendo exatamente a mesma coisa.

8 Superação nasce da vontade, ou vontade surge da superação?

"O maior desafio é superar a si mesmo."

ODIR CUNHA

Dizem que os vencedores fazem aquilo que os perdedores não querem fazer. Não existe progresso sem mudança. Se não conseguimos mudar a nós mesmos acabamos não mudando nada. Então o que vem primeiro: a vontade ou a superação. O que dá vontade de superar?

Machado de Assis disse: "A arte de viver consiste de tirar o maior bem do maior mal".

Conhecemos a fábula da formiga e da cigarra, em que a cigarra sempre aparece como preguiçosa e irresponsável e a formiga como o símbolo do planejamento, do trabalho, da seriedade. A cigarra passava o verão cantando e a formiga trabalhando. Quando chegava o inverno, a cigarra morria de fome e a formiga sobrevivia. Só que a formiga é sisuda, chata. A cigarra é alegre, divertida.

Está na hora de a cigarra superar, transformar essa imagem. Caindo na real: dê à formiga o que é da formiga e à cigarra o que é da cigarra. Não é porque alguém escolhe a maldade que essa deverá ser também a nossa escolha. Cada um age conforme a sua índole.

Agimos conforme nossa índole? E quando é formada a base do caráter? Trazemos conosco um modo de enfrentar os obstáculos, com maior ou menor naturalidade, mas a educação primária influi decisivamente nessa nossa visão do mundo.

Sim, nascemos para a felicidade, o desfrute dos prazeres da vida, o conforto, a saúde. Não somos predestinados ao sofrimento, agruras, dores e misérias. Porém, para termos uma vida de progresso em todos os sentidos, precisamos compreender a natureza da superação que carregamos dentro de cada um de nós.

A superação, a expansão dos limites, a descoberta de realidades novas, a criação, a saúde boa, tudo isso é normal. É a razão da vida.

Ao encontrar os desequilíbrios na natureza, nos hábitos humanos, na ausência das virtudes, a somatória de toda a insensatez resulta em doenças, guerras, crimes, falsidades, traições, injustiças. Esse processo não começou agora, nesta vida. Caminha desde a origem dos tempos.

Então, ao começar a viver ficamos espantados com os conflitos. Com meios maléficos, ilegais, imorais sendo utilizados por pessoas, grupos, organizações, governos, para perseguir a paz, o conforto, a melhora da qualidade de vida, a perfeição humana. Utopias são geradas para isso, jovens são iludidos, milhões colocam suas vidas a serviço dessas ilusões. Até "raça pura" já foi inventada como estratégia de progresso e de poder – e tendo como cenário a idéia de que essa pureza é o que salvaria o planeta Terra.

A superação já está na natureza. Assim como a motivação. Não motivamos ninguém, apenas podemos canalizar e focar essa energia. Tanto a superação quanto a motivação estão naturalmente inseridas dentro de todo ser vivo. A questão é: "A serviço de quem, ou do que, cada um de nós coloca nossa força da superação?".

Ouvimos muito a frase "como desenvolver sua vontade para superar?". Superar o que, "cara pálida?" – como perguntariam os índios dos filmes de *cowboy* norte-americanos.

O projeto Cisne na cidade de Goiânia, em Goiás, apóia pessoas e familiares de um grupo de recolhedores de objetos com algum valor, encontrados nos lixos da comunidade. Os catadores abriram uma peça de cobalto de um aparelho de raio X, jogada fora irresponsavelmente. Foram atingidos pelos efeitos da radiação.

O projeto vem buscando prover o emprego, o estudo, a auto-estima, o auto-respeito e o suporte psicológico das vítimas desse acidente. Mas, uma das maiores dificuldades dos responsáveis pelo programa é atrair e envolver as vítimas e seus parentes. A maior parte dos atingidos pelo problema prefere receber a pensão-ajuda que a sociedade tem oferecido a eles a aceitar as oportunidades oferecidas. São pessoas que não têm a força da superação, não têm a vontade de progredir? Claro que têm. O problema é que essa superação está orientada no fluxo contrário ao que seria o desejo moral, ético e evolutivo da expectativa dos organizadores da ação bem-intencionada.

A motivação é forte e a vontade de superar também. Mas, superar o quê? Superar na arte da dependência, da busca de melhores pensões, na extensão dos benefícios aos parentes, na criação de herdeiros do "cobalto", na possibilidade de viver sem exercer um trabalho convencional, ou mesmo sem estudar para alguma especialização.

Então, quando a questão é colocada: "Todos podem superar qualquer coisa?". Sim. Todos podem superar tudo. Se essa superação é orientada eticamente para o bem, o mal, a preguiça, ou a omissão, essa já é uma outra pergunta. Pois seja como for, toda a superação, mesmo para

> Não podemos ensinar ninguém a se motivar ou se superar. Isso já está dentro de todos. Mas muitos estão canalizando a vontade das suas superações exatamente para continuar dependentes.

ser mais preguiçoso, mais dependente, mais inútil, exige muita vontade, estratégias, táticas e esforços tão consideráveis quanto a canalização das forças superadoras e motivacionais para a agregação de valor a si mesmo, o auto-respeito e o crescimento em todos os sentidos.

Acredite: para ser ruim de serviço é preciso fazer força. Para enganar os outros é necessário grandes doses de auto-engano. Para ter dezenas de amantes é preciso um imenso sacrifício de organização, agenda, criatividade, estratégias e táticas; tão complicadas quanto apaixonar-se centenas de vezes pela mesma pessoa.

Um querido amigo meu, cujo apelido é Alemão, teve a competência de superação e de motivação canalizadas para casar-se dez vezes. Simplesmente dez casamentos formais, oficiais. No último, com a graça divina, decidiu parar. Ele fala que é insuportável a troca, o processo. Diz que não agüenta mais e que agora encontrou, com muita maturidade (e que maturidade, não?), a mulher definitiva e eterna da sua vida, a Marina. Fez uma série de camisetas e as distribuiu para amigos, como forma de convite de casamento. Nessa camiseta ele imprimiu um coração, um cupido, e o texto: "Alemão, 10º casamento. Agora sob nova e definitiva direção: Marina".

Ele brinca com a idéia de que, ao casar dez vezes, o que fez foi mudar de comando dez vezes, pois é sempre a mulher que lidera tudo. E ainda acrescenta outra brincadeira: "As empresas estão contratando mulheres casadas para comandar e homens casados para serem subalternos. As primeiras sabem mandar e os segundos aprenderam a obedecer!". Piadas a parte e histórias de lado, a superação e a motivação do Alemão sempre estiveram ali. E, cá entre nós, haja vontade para superar e realizar dez casamentos. Desejo a merecida eternidade aos dois amigos... Que dure para sempre!

A cigarra supera a desfeita da formiga, então como a formiga não supera ver a outra vivendo da alegria e do canto? Na verdade, a formiga supera sim, e muito, na vontade de trabalhar arduamente e viver nos buracos escuros. A questão é simples: para onde canalizamos as forças naturais da superação que já carregamos na nossa própria natureza?

Para nascer, disputamos com quase um bilhão de espermatozóides. Haja poder de superação! Para viver precisamos lutar a cada respiração contra a morte, precisamos lidar com a inevitabilidade da finitude: haja motivação!

Lembre-se: todos carregamos dentro de nós o poder da superação. Para isto ou para aquilo? Essa é a única e grandiosa pergunta. Quando nos matamos um pouco a cada dia, com ações prejudiciais à nossa saúde, veja nisso também um esforço considerável de superação para aquilo que não deve ser feito. Antecipar a morte é uma das maiores e poderosas superações. Não é o que desejamos, mas é para onde a nossa vontade pode estar nos dirigindo.

A superação já vive e viverá sempre dentro de nós. O que você precisa fazer é decidir para onde a sua vontade a orienta. É você quem diz para o taxista o endereço.

9 Qual foi a primeira vez na vida que você sentiu a superação?

"As cicatrizes ficam e as mudanças quase inconscientes do espírito são sempre definitivas."

DULCE TUPACYGUARA

Você pode estar agora no momento em que precisa dar a volta por cima. Uma forte hora da virada. Por onde começar, onde encontrar o fio da meada? Vamos cavar e descobrir os tesouros que você tem dentro de você mesmo. Está escondido, esquecido dentro do baú, do seu *hard disk*. Vamos reinicializar o seu computador.

Voltando à minha pergunta: Qual foi a sua primeira vez? Qual foi a sua primeira superação, aquele algo que lhe exigiu esforço, riscos, ultrapassar limites, estar fora da normalidade, fora da zona de conforto, ou lutar muito para permanecer exatamente dentro da zona de conforto? Do que você pode lembrar?

Conforme você vai voltando no tempo, vendo a vida de trás para frente, vá registrando fatos marcantes de superação. Para o bem, para o mal, para o "tanto faz", as omissões que teve... Vá sentindo os efeitos que essas lembranças provocam no seu corpo. Importante é chegar na primeira, aquela mais antiga que você consegue recordar. Ao chegar nela, congele a cena.

Resultado é conseqüência, é efeito. Resultados começam a ser criados antes de acontecerem. Surgem a partir dos momentos em que decidimos. Avalie a sua primeira superação, contando cada minuto dessas lembranças, saboreando essa volta no tempo de forma deliciosa, calma, tranqüila. Pare o tempo e faça essa viagem.

Um dia me fizeram essa pergunta: "Qual foi a primeira vez em que você sentiu a superação?". Comecei a pensar e, de repente, senti como uma explosão dentro de mim. Recordei-me do que teria sido a minha primeira experiência de dar a volta por cima detectada e recordada. Logo em seguida à lembrança, não resisti e desatei a chorar.

Por isso, gostaria de convidar você também a, enquanto lê este trecho do livro, ir buscar dentro de si os seus registros pessoais de superação e canalizar as forças dessa superação para este seu momento.

Quando foi, pela primeira vez na sua vida, que você experimentou a volta por cima? O que foi que houve e como aconteceu? Quem estava com você? O fato foi conseqüência de algo que havia ocorrido antes? O que foi que ocorreu antes? Como estava canalizada a sua vontade e motivação superadora antes do fato? Como ela foi canalizada para a superação depois do fato e como você se sentiu?

No meu livro *O vôo do cisne*, apresento as experiências e vivências da minha vida, para quem desejar conhecer mais e melhor as conclusões que tirei das forças da superação.

Na minha infância, o que dominava minha pequena cabeça daquela época era o lado escuro dos sentimentos humanos. Eu morria de medo de sair na rua. Canalizava toda minha força motivacional e vontade de superação para ficar no fundo do quintal, não ver ninguém, não ser visto. Quando precisava mesmo sair, jamais andava. Saía correndo, para diminuir a chance de ser olhado.

Todas as quintas-feiras era dia da feira livre na pracinha da Vila Belmiro, o nosso bairro em Santos. "Os outros meninos todos ajudam suas mães carregando sacolas e carrinhos. Eu não tenho mais ninguém. Você é meu filho único e vai ajudar sua mãe. Seu pai também precisa de você. Nossa loja é pequena e não temos funcionários. Você precisa aprender a atender as freguesas, quando seu pai precisar sair por alguns instantes. E você vai aprender a forrar botões para ajudar."

A idéia de ser visto era simplesmente aterrorizante

> Bem, lá estava eu nessa construção de forças superadoras para virar o herói do fundo do quintal da minha casa quando minha mãe adotiva me chamou um dia e disse: "Filho, você precisa passar a ajudar sua mãe na feira".

para mim. Havia os adultos e os filhos dos adultos. As crianças apontavam para mim com o dedo, riam, se assustavam com minha deformidade física. As mães morriam de pena, ficavam com dó, choravam. Os pais ficavam sérios. Muitos perguntavam como foi que tudo aconteceu, se eu iria ficar bom um dia! Perguntavam se estava doendo muito.

Bem, em resumo, lembro que me superava resistindo à idéia de ajudar minha mãe na feira e meu pai na loja. A sensação de agressão que eu tinha do mundo que me cercava era infernal. Mas o que me assustava mais ainda era a percepção de que tudo aquilo que eu recebia, os olhares, as reações das pessoas, era por minha culpa. Era o meu rosto que desencadeava aquelas reações nas pessoas. Eu tinha muito medo dos sentimentos que provocava nos outros. Tinha vergonha por achar que fazia meus pais passarem vergonha comigo. As vontades das minhas superações voltavam-se então para estratégias de como evitar o contato com esse mundo lá fora.

O momento em que senti o prazer da vitória de uma boa superação pela primeira vez foi quando os meninos da minha rua foram me chamar para sair e brincar com eles. Eles nunca tinham feito isso antes. Esse foi o fato. Mas o fato em si não explica nada. O fato é o resultado, a conseqüência. O espetacular mesmo é como cheguei até ele – como a minha superação para fugir, me acovardar, escapar, foi transformada em superação para criar coragem e enfrentar; como passei da má superação para a superação do bem. E foi dessa passagem que me recordei como a primeira das minhas superações.

Como foi o processo? Minha mãe não se deu por vencida. Ela decidiu usar a estratégia da "água mole em pedra dura, tanto bate até que fura". Meu pai, em paralelo, um português legítimo de Trás-os-Montes, fazia a parte dele, cobrando a minha colaboração na nossa loja, nas horas vagas.

Quinta-feira era o dia da tortura. De manhã, logo cedo, vinha minha mãe querendo me aprontar para ir à feira com ela. Minha motivação para não ir era total. Ela ficava brava e dizia: "Sua mãe está sendo malvista por todas as vizinhas. As pessoas estão dizendo que eu não sei criar um filho. Só você não ajuda a sua mãe na feira. Todos os outros meninos vão. Dizem que eu estou criando um vagabundo. Você precisa ir comigo, ajudar-me na feira". Meu pai escutava a bronca e a amplificava: "Vai com sua mãe na feira, menino. Não seja desobediente".

Mas todas as minhas armas de superação estavam reunidas para não ir à tal feira livre do bairro. Eu inventava de tudo: dores, olhos vermelhos, dificuldade de respiração... Eu tinha um arsenal de motivos para a arte da superação de não fazer o que meus pais queriam.

Depois de mais uma tentativa frustrada, lá ia a dona Rosa sozinha para a feira. Voltava, trazia um sonho, um pastel, dava um beijo carinhoso, e mais uma vez pedia... "Na semana que vem você vai ajudar sua mãe na feira. Você não vai querer que os vizinhos falem mal da sua mãe, vai?"

Aquela história de falarem mal da minha mãe foi me incomodando. E essa insistência por parte dela, dizendo que era porque eu não a ajudava. Ela precisava da minha ajuda. Os sonhos e os pastéis todas as quintas-feiras, o beijo, o "se você não me ajudar vou ser vista como uma má mãe", isso foi mexendo nos caminhos das minhas vontades, foi mudando a direção da minha motivação e comecei a conduzir a poderosa energia daquela força de superação do não ir para o ir.

Em uma quinta-feira estava chovendo. E dessa vez não resisti. Quando minha mãe novamente pediu que fosse à feira com ela, timidamente fiz que sim com a cabeça. "Muito bem", disse ela, "faremos uma ótima feira e vamos comprar coisas gostosas". Por incrível que pareça, a chuva e o dia mais escuro me transmitiam a sensação de proteção. Eu mantinha o meu guarda-chuva bem baixo, o que me dava um escudo protetor adicional para evitar o contato com os olhares das pessoas. Caminhamos os três quarteirões que separavam a nossa casa da feira do bairro. Quando chegamos, paramos na barraca de batatas. Minha mãe voltou-se pra mim e disse: "Agora você escolhe as batatas. Dessas aqui, grandes, para cozinhar para o seu pai português. Para mim essas pequenas, para o forno. Atenção nas batatas. Não pegue nenhuma com defeito".

Logo, em volta da barraca, as pessoas começaram a chegar. Todos sabiam que o filho da dona Rosa tinha sofrido uma queimadura no rosto, mas ninguém tinha visto. Vinham mulheres, me viam e choravam abraçadas à dona Rosa. Quando eu ia virar o rosto e olhar o movimento, minha mãe se voltava para mim e dava uma ordem, bem ao seu jeito germânico de ser: "Presta atenção nas batatas, menino". Em seguida, vinham mães com seus filhos. Elas me viam e diziam para as crianças: "Julinho, viu por que eu falo para você não mexer com fogo. Olha como você vai ficar!". Ao perceber que eu iria prestar atenção nas pessoas em volta, dona Rosa, como um general alemão, dava outra ordem: "Preste atenção nas batatas depois escolha as cebolas. Coloque as coisas duras no fundo do carrinho para não estragar as mais macias". E assim passamos pela primeira feira e pela primeira exposição pública deste "ET" que lá estava.

Lembro-me das batatas, das cebolas, das laranjas, das coisas duras embaixo do carrinho. Na volta, um sonho, um pastel. Chegamos em casa, foi uma alegria só. Mãe feliz, pai feliz, todos felizes. Dona Rosa disse para mim: "Você me fez muito feliz hoje, meu filho. Ninguém mais vai poder dizer que eu não sei criar o meu filho. Mostramos, para que todo mundo visse, como você trabalha e ajuda sua mãe melhor do que todos os outros meninos. Parabéns, meu filho!".

Na outra semana, já mais canalizado na orientação das minhas forças de superação, fui novamente com dona Rosa à feira. Então, vi que todos os outros moleques tinham também que enfrentar os seus desafios. Se eu era o "Queimado", tinha também o Buda, um gordo, o Chico Bóia, o Esterquicie, o Zé da Pinta, o Chulé, o Fedido, o Carvão... Cada moleque tinha o seu defeito e, se não tivesse, a gente inventava e ele passava a ter. E logo percebi que eles não eram inimigos. Começamos a chutar laranja caída, a brincar enquanto nossas mães faziam a feira. Então, a primeira vez em que me senti vitorioso foi quando a molecada da minha rua foi em casa me chamar para o futebol no "carreirinho", uma viela de terra onde grandes jogos foram jogados nas nossas imaginações infantis.

O enfrentamento da realidade é sempre um orientador valioso, quando estamos em dúvida. Se minhas energias não fossem canalizadas para superar as realidades da minha rua, do meu bairro, se eu não conseguisse vencer na feira livre da Vila Belmiro, em Santos, se esse processo não fosse despertado ali, eu jamais teria escrito este livro e chegado até você.

O coração e o cérebro são importantes. Mas eles têm pouco valor se não desenvolvermos a coragem. Coragem para dirigir nossas forças racionais e emocionais para as causas do nosso progresso, do bem.

O que podemos aprender com essas lições sobre nós mesmos? Aprendemos que não canalizamos nossas forças das superações sozinhos. Precisamos de mentores, exemplos, guias, educadores, amigos. Precisamos de referências que nos façam ver e sentir objetivos, sentidos e significados diferentes. Sejam eles para mudar o rumo das nossas vontades, sejam para reforçar e aprofundar o que já estejamos superando.

Essa coragem é cultivada no espírito desprendido, que bebe permanentemente nas fontes poderosas de toda obra universal.

Sempre que me afastei das canalizações superadoras relembradas nessa minha "primeira vez", as coisas deram errado. Sempre quando preservei os fundamentos dessa primeira vez, caminhei para a felicidade e o sucesso.

Trazer isso à sua consciência será decisivo para que você possa tomar as rédeas do seu destino e saber que estamos sempre motivados e em superação. Para o bem, para o mal, para o tanto faz, é aí que reside a única e grandiosa diferença.

> A grande volta por cima é a consciência de que a Terra não admite campeões só nos fragmentos. Tem que ser em um nível global. Ou o todo supera junto, ou o todo sofrerá as conseqüências do desequilíbrio. Será só uma questão de tempo.

Quando criança, você depende dos mentores que o acompanham. Agora, quando adulto, é você quem decide. Você pode escolher com quem anda. Você pode saber para quem pedir ajuda. Você já sabe que não querer fazer algo exige tanta força superadora quanto querer fazer.

Fazer o errado convoca energias e estratégias tão sofisticadas quanto fazer o certo. E o que é o certo? É o que está alinhado ao princípio evolutivo e do aprimoramento das virtudes. Se felicidade, riqueza, saúde, prazeres, reconhecimento, fama, são desejos e méritos alcançáveis por todos nós, cada vez mais vamos compreendendo que a organização coletiva, o ambiente ético, a diversidade, o aprender a pensar e a agir com sustentabilidade são coisas que podem nos levar sensatamente para esse futuro que vem montado no futuro – e jamais embaixo do passado.

A Terra, como um todo, não permite o sucesso de apenas algumas de suas partes. Ou atingimos a felicidade e o êxito planetário, ou não existirá superação definitiva.

Como tudo começa? Se você já chegou até aqui, essa é a maior prova da sua capacidade de superação.

10 Se você tivesse voltado no tempo e vivido intensamente cada segundo, teria alterado o seu destino?

"Os homens são parecidos, e suas promessas só diferem nos seus atos."

MOLIÈRE

O *band-aid* se transformou num dos curativos mais vendidos do mundo. Como foi inventado esse produto campeão de vendas? Earle Dickson tinha uma esposa que machucava freqüentemente os dedos, nos serviços de cozinha. Pegou então uma gaze, cortou-a em pedaços pequenos e colou-as com um pedaço de fita adesiva cirúrgica. Dickson era comprador de algodão da Johnson & Johnson e mostrou sua idéia para a empresa. Os primeiros *band-aids* foram feitos manualmente. O sucesso desse invento, de 1927, conhecemos até hoje. Dickson virou vice-presidente da empresa, até falecer em 1961, aos 68 anos. Uma carreira, um sucesso por prestar atenção detalhada em algo que passaria despercebido para todos nós.

Quando prestamos atenção profunda a cada instante da vida, sentimos emoções, ouvimos murmúrios, descobrimos coisas tão óbvias que jamais notamos quando não estamos ali, concentrados nas realidades que nos envolvem.

Wolfgang Amadeus Mozart, aos 2 anos de idade, ao ouvir um porco grunhir, exclamou: "Sol Maior!". Como havia um piano na casa, foi possível corroborar a afirmação de Mozart.

Foco, concentração. Superar costuma estar mais associado a realizar grande, aqui e agora, do que sonhar grande para depois de amanhã. Sintonia. Quando vivemos intensamente o tempo presente, podemos observar coisas tão incríveis como as que fizeram o famoso artista de Hollywood, Gary Cooper, prestar atenção e descobrir que poderia diminuir sensivelmente suas despesas se pagasse as contas com cheque. A maior parte das pessoas não os descontava, para guardá-los como recordação do astro.

As voltas por cima exigem muita empatia e identidade com os momentos reais e presentes que estamos vivendo. E inteligência é a capacidade de mudar, adaptando-se às situações novas em altíssima velocidade.

O dramaturgo Eugène Ionesco dizia que "as únicas coisas que podem ser previstas são as que já aconteceram".

Mas... como as coisas acontecem?

Um metro a mais ou a menos pode salvar a sua vida, ao atravessar um semáforo. Trinta segundos antes ou depois pode ser a diferença entre você ser o escolhido para ser assaltado, ou não. Onde vive o acaso? Vive em toda parte. O acaso está sempre à espreita. Uma palavra dita, ou não dita, muda o destino da negociação. Se alguém tivesse colocado uns pneus velhos no muro da curva Tamborello, provavelmente o nosso Senna ainda estaria conosco. Um passo mais rápido, um caminho sem congestionamento mudam o reconhecimento da história para uma pessoa e consagram outra.

George Lucas, diretor da trilogia *Guerra nas estrelas*, entre outros filmes famosos, aos 20 anos de idade sofreu um grave acidente automobilístico. Passou vários meses num hospital. Enquanto se recuperava, desistiu da idéia de ser piloto de competição e criou o conceito da "força", o tema central de *Guerra nas estrelas*.

O que fazemos com o tempo presente muda nossa vida e muda a vida de muita coisa que nos cerca. O que fazemos com o tempo que temos é o segredo que altera, interfere, muda destinos. Faz ou desfaz encontros. Gera o choro ou cria o riso. Constrói riquezas ou desmorona patrimônios.

Então, se você voltasse no tempo e prestasse mais atenção nos detalhes, será que mudaria o seu destino? Teria o poder de mudar sua história de vida, vivendo intensamente cada segundo?

Mesmo se não mudasse o destino, não há dúvida de que poderia compreender muito melhor o que lhe acontecia. Poderia saborear mais cada fração desse tempo de vida.

Felicidade é o que todos queremos. Pagaríamos uma fortuna por um mapa dessa mina. O mapa da felicidade.

Para mim, felicidade é cair na real, é viver a realidade, segundo a segundo. Descobrir qual é o sentido da vida. Conhecer o planeta Terra e a mim mesmo.

O sentido da vida é viver! E, como temos um cérebro, evoluir com a vida. A felicidade está, de fato, nas coisas simples, nos detalhes da vida. Pegue o que você precisa superar agora e preste muita atenção. Mergulhe em cada poro, cada grânulo do assunto. Lute jiu-jítsu com essa força. Use a força do seu drama para mudar o próprio drama. O problema é a alavanca. O jogo, as curvas, o volteado, a capoeira. Preste atenção, como se você parasse o tempo e pudesse contar cada microssegundo de cada segundo. A resposta está aí dentro.

O dia de hoje ainda não foi usado por você. Siga o seu dom. Aproveite-o e crie a sua realidade. Preste atenção nos detalhes. Viva cada momento intensamente. Mude o seu destino e crie a sua felicidade!

Se prestarmos atenção no instante, alteramos o futuro. O agora e já. O além do agora é uma rede, uma colcha de retalhos onde todas as regras de ouro atuam. O presente é apenas a alavanca do amanhã. Finque a alavanca agora e já, onde você estiver e na situação que precisa superar.

11 Você consegue rir de si mesmo e das situações que acontecem com você?

Um mal-educado, no bar de um hotel cinco estrelas, procura um banco para sentar. Vê, então, um computador pousado em um dos bancos. Aproxima-se do camarada ao lado e diz: "Tira seu *notebook* daí". O fulano responde: "Não tiro". O mal-educado pega o computador e o espatifa no chão. Então pergunta para o camarada: "Está satisfeito?". Então responde o que já estava sentado: "Nem satisfeito nem insatisfeito: o computador não era meu!".

O seu Luiz e a dona Judith eram daqueles casais de velhinhos maravilhosos. Mais de cinqüenta anos de casados. Ambos com mais de 80 anos de idade. Viviam brincando e contando piadas de velhinhos. Uma que o seu Luiz adorava contar era mais ou menos assim:

Um casal de velhinhos muito simpáticos, como eu e a Judith, foi ao médico porque os dois andavam muito esquecidos.

– Ora, não se preocupem – disse o médico para o casal. – Isso é totalmente normal depois dos 80 anos. Vocês só precisam andar com um caderninho e tomar nota das coisas.

Felizes, o casal de velhinhos voltou para casa. Na noite seguinte, estavam vendo televisão quando o velhinho levantou do sofá e a esposa perguntou: – Aonde você vai?

– Vou tomar um café – respondeu ele.

– Então, querido, você me traz um pedaço de bolo?

– Sim, querida!

– Mas não se esqueça! Pegue o caderninho e anote – acrescentou ela.

– Imagina, minha velha! Você acha que preciso pegar o caderninho e anotar para trazer-lhe um pedaço de bolo da cozinha? É claro que vou me lembrar do seu pedaço de bolo.

– Então, tá! Mas coloca um pouquinho de chantili.

– Tá bom! Um bolinho com chantili.

– Não vai mesmo anotar? – perguntou ela mais uma vez.

– Não precisa, meu amor. Não precisa. É claro que eu vou me lembrar do seu bolo com chantili. Cinco minutos depois, volta o velhinho com um copo d'água na mão.

– Eu não falei? Não falei? – reclama a velhinha. – Eu não disse para você anotar no caderninho? Onde está o meu comprimido?

E todos riam muito das piadas do casal Luiz e Judith, os nossos queridos velhinhos. Transcendiam a velhice, brincando sobre ela o tempo todo. E, a cada piada que o seu Luiz contasse, a dona Judith emendava também a sua.

Eu acredito que eles ficavam pesquisando, para poder alegrar a todos em volta. Velhinhos sofrem muito de solidão. Principalmente quando acabam se tornando ranzinzas e rabugentos. Rir de si mesmo é uma demonstração de que você superou, transcendeu o problema, seja lá o que for.

E dona Judith sempre perguntava quando chegávamos: Vocês sabem por que o Luiz, quando fala comigo, sempre me chama de amor, docinho, meu chocolate, docinho de coco, minha flor? É porque ele já esqueceu o meu nome há muito tempo! E todos riam para valer.

Digo sempre que existem três Hs pelos quais passa a superação. São eles: Humanismo, Humildade e Humor.

Rir de si mesmo é tudo.

Uma vez, em Recife, a convite da Centrais Hidroelétricas do Vale do São Francisco (Chesf), vivi uma nobre experiência. Fiz uma palestra para cerca de 250 deficientes visuais.

Como minhas palestras têm *slides* e filmes, comecei meio sem jeito, constrangido. Sentindo o meu incômodo, um dos presentes disse, num dos intervalos que fizemos para respirar: "Tejon, não se preocupe. Dizem que em terra de cego quem tem um olho é rei. Mas, na verdade, é escravo. Pode dar sua palestra tranqüilamente, pois agora você é o nosso escravo". E todos rimos muito.

Na praia de Recife, as brincadeiras continuavam. Estávamos num grupo com cerca de vinte cegos, sentados nas cadeirinhas na areia. Passavam vendedores de enfeites e roupas. Ofereciam os produtos e eles agiam como se estivessem enxergando. Brincavam entre si, dizendo: "O que achou Marilda, fico bem com essa tanga?".

Engraçado mesmo foi quando veio o vendedor de óculos escuros. Eles começaram a experimentar todos. E, claro, não se viam em espelho algum. Mas o vendedor não desconfiou de que fossem todos cegos e os atendeu normalmente. Eles colocavam os óculos e pediam o espelho. E como eu era o único não cego do grupo, depois de um tempo sempre perguntavam pra mim se ficava bom ou não.

No final, todos compraram óculos novos. Até hoje aquele vendedor não sabe que vendeu quase todo seu estoque para um grupo de cegos brincalhões. Acho que o único que ele achou esquisito mesmo daquele bando fui eu porque, além de tudo, não comprei óculos.

O maestro João Carlos Martins conta sempre uma piada de maestro, muito bem-humorada:

> Uma mulher entra numa loja de pássaros. Então ela vê numa gaiola um canário pelo valor de R$ 5 mil. Espantada, pergunta: – Mas por que tão caro?
>
> – Ah, minha senhora – responde o vendedor. – Esse canário canta músicas sertanejas. É um verdadeiro Chitãozinho e Xororó.
>
> Ao lado daquela gaiola tem outra com um canário cujo preço é R$ 10 mil. A mulher fica mais indignada ainda.
>
> – Mas o que é isso? Aquele canário é mais caro ainda. Por quê?
>
> – Minha senhora, aquele canário, além de cantar música sertaneja, canta mpb, *country* e *blues*. É sensacional.
>
> Logo em seguida, em outra gaiola, um outro canário com o valor de R$ 20 mil. A mulher mais espantada ainda pergunta: – E aquele mais caro, o que ele faz?

– Ah, aquele canta óperas, músicas clássicas, mpb, *rock & roll*, e muito mais. É um verdadeiro *mp3 player* em forma de canário.

A mulher, espantadíssima, observa então uma outra gaiola, cujo pássaro tem um preço mais absurdo ainda: R$ 50 mil. – Ah! Não! – diz ela. – Um canário por R$ 50 mil?! Eu não acredito!

– Olha, minha senhora. Esse é um canário muito especial. O que ele faz ninguém sabe direito. Mas se ele não mandar, os outros não cantam. Dizem que ele é o maestro!

A capacidade de rir de si mesmo é saudável para qualquer ser humano. Imagine então a importância de aprender a rir de si mesmo e das situações que precisamos transformar. Em que é preciso dar a volta por cima, superar.

Uma noite eu estava participando de um evento com os distribuidores de uma marca de automóveis fora do Brasil. Eu faria uma palestra para os revendedores no dia seguinte. Naquela noite estava ocorrendo uma grande recepção. O estande era feito de gelo. Balcões, mesas, copos, tudo era de gelo. As luzes especiais geravam um clima cinematográfico sensacional. Uma ótima banda se apresentava e os clientes foram chegando com suas esposas.

Eu estava num canto, conversando com alguns diretores da empresa. A poucos passos de nós, observei uma movimentação anormal. Algumas senhoras cochichavam e, de vez em quando, olhavam para a nossa direção. E, mais senhoras foram chegando, aumentando aquele grupo. Eu observava tudo meio de soslaio, meio preocupado com aquele movimento, e tentava identificar o que poderia estar acontecendo. Se havia alguma coisa depois de nós, ou coisa parecida. Mas, nada! Estávamos encostados no canto, não tinha mais ninguém além de nós, nem telão, nada.

Num determinado momento, duas das senhoras vieram em nossa direção e, meio sem jeito, com um caderninho na mão disseram: "O senhor é o Niki Lauda, não? Poderia nos dar seu autógrafo?". Eu não sabia o que fazer. Confundido com Niki Lauda!? Aproveitei para brincar. Fui assinando os papeizinhos: de Niki para Mary, de Niki para Sue, de Niki para Miranda, e assim fui.

Os diretores, percebendo o bom humor e a brincadeira, observavam e riam muito. Ao terminar a fila de autógrafos, combinei com os diretores que na minha palestra do dia seguinte iríamos aproveitar a brincadeira. A empresa tinha de verdade conexões com o tricampeão de Fórmula 1 Niki Lauda, um dos grandes que deu a volta por cima, e mandou comprar trezentos bonés de Fórmula 1. Fez uma gravação muito simpática do verdadeiro Niki dizendo: "Alô, eu sou o Niki Lauda, mas com certeza muito bem representado pelo Tejon. Soube que ele deu muitos autógrafos em meu nome, mas não se preocupem, quando me encontrarem, podem trazê-los que eu revalido todos. Feliz convenção, grande abraço ao Niki Tejon, do amigo Niki Lauda".

Só rindo mesmo! Só o humor salva, na maioria das situações. As mulheres riram muito e foi uma das palestras mais memoráveis que fiz na minha vida.

Pete Best foi o beatle que saiu da banda dias antes de os Beatles virarem a maior celebridade do século XX. Existem várias histórias para a saída de Pete Best. Uma delas diz que os produtores consideravam que ele tocava mal. Outra atesta uma incompatibilidade de gênios com Lennon. Roberto Shinyashiki descobriu uma outra, que costuma contar em suas palestras, simplesmente eletrizante: a de que foram as respectivas namoradas de Pete Best e de Ringo Starr que fizeram a cabeça deles, obviamente no sentido inverso uma da outra, o que resultou na saída de Pete Best dias antes e na entrada de Ringo. Uma palavra, uma atitude, uma omissão pode fazer a diferença entre você virar Ringo Starr ou Pete Best.

Anos depois do sucesso dos Beatles, Pete Best criou uma banda e colocou um nome que, no mínimo, é muito bem-humorada: "Best of the Beatles". Quando questionado, Pete Best, ainda chocado, disse: "Acho que jamais saberei por que isso ocorreu comigo".

Agora, para superar, só sabendo brincar e aprendendo a rir muito com tudo isso. Imagine o que você faria no lugar de Pete Best? Já pensou? Só rindo muito, pois se for para desesperar, é mesmo coisa de enlouquecer.

Falando da espécie humana, o biólogo Haldane brinca: "Existem mais de quatrocentas mil espécies de besouros e uma só de seres humanos. Deus tem uma notável preferência pelos besouros".

Um conselheiro político estava sendo enfaticamente questionado sobre o que determinado candidato a presidência teria que fazer para realmente impressionar o povo.

Depois de não ter mais nada para sugerir, pois o político achava todos os seus conselhos muito fraquinhos e comuns, ele finalmente falou: "Olha, se você quer realmente impressionar os eleitores, faça o seguinte: tente ser crucificado e ressuscite no terceiro dia!".

Se rir na hora do acontecimento é pedir demais, e talvez seja, rir depois é o sinal de que as feridas foram curadas e de que estamos prontos para a nova vida.

Enfrente qualquer situação, aprendendo a rir com ela. A vida pode ser uma tragédia, uma farsa, ou uma comédia. Rindo, expurgamos os traumas das experiências ruins, levantamos, sacudimos a poeira e damos a volta por cima.

12 O que você vai fazer com o resto da sua vida?

"Perde-se muito ao perder os bens, perde-se mais ao perder um amigo; perde-se tudo perdendo a coragem."

MIGUEL DE CERVANTES

Depois das onze regras de ouro anteriores, você está num ponto excelente para responder à décima segunda regra: *O que você vai fazer com o resto da sua vida?*

Vai dar mais chances ao acaso? Dar chances ao acaso não é sentar, pedir e sonhar. É estar pronto para ser achado pelo acaso. Não sei se você já viveu a terrível sensação de perder seu filho de vista numa praia movimentada. Quase todo pai e mãe já passou por isso. Mas se você ainda não passou, espero que não passe nunca. Ficamos angustiados e terrificados quando, ao procurar nosso pequeno, nossa menininha, quando, nossos olhos não o localizam. Aparecem então centenas de crianças. Todas são parecidas, mas nenhuma delas é a nossa. O desespero cresce, quanto mais olhamos em volta menos enxergamos. E, quase sempre, é a criança que nos encontra primeiro.

Você precisa ficar ali. Somos maiores, adultos. A chance de sermos achados é maior do que a de acharmos. Procurar nossa criança nas praias movimentadas quando a perdemos de vista é um exercício tipo achar agulha em palheiro. Uma roupa amarelona é mais importante para você usar do que para as crianças. Porém, precisamos estar prontos, alerta. Não podemos ficar escondidos, e muito menos sair da praia.

Vamos viver novamente e intensamente cada instante. Vamos curtir profundamente os momentos. Paixão é foco. Concentração. Vamos ler as entrelinhas. Vamos saborear os gostos que ficam depois das impressões iniciais.

Aprendemos que somos o resultado da qualidade dos nossos relacionamentos em vida. Qual é a sua legião?

Com quem você anda? Nunca vemos uma insensatez ser praticada por apenas um indivíduo. Há sempre um bando, existe sempre a conivência de alguém. Raramente estamos sós, para o bem, para o mal ou para o tanto faz.

O que aprendemos novamente com as nossas crianças? Superar é manter viva a sua criança interior. Superar é guardar a fonte eterna da juventude. Dar a volta por cima é poder regressar às águas das fontes do nosso rio da vida.

Beber da fonte, sorver a nascente. Qualquer rio tem salvação se as nascentes estiverem preservadas. Qualquer vida tem salvação se a sua criança interior puder voltar a ser acessada. Pergunte sempre como a sua criança responderia às suas dúvidas.

Já podemos nos ver como começos e não como fim. Não existe fim. Só existem começos e recomeços. Não seremos condenados à prisão perpétua da involução. Temos sempre a possibilidade de começar de novo. O segredo é usar essa vantagem do universo aqui, já e agora, na sua própria vida.

Damos a volta por cima quando identificamos boas razões para lutar, para estudar, para recriar, para novos papéis. Recebi o *e-mail* de uma ouvinte do meu programa de rádio "Caia na Real", da Rede Transamérica. Ela estava na Espanha, muito feliz e animada. Escrevia para agradecer por esta regra de ouro, que havia mudado a sua vida. Ao descobrir que era um começo e não um fim, mudou-se para construir suas vitórias.

Para quem você é importante, para quem você faz a diferença? Para qual vida a sua vida é tudo? Não superamos sós, não vivemos sós.

Realize grande e sonhe normal. Somos do tamanho das nossas realizações. Ao realizar, descobrimos o sentido dos sonhos. Realidades geram sonhos. Sonhos podem ser bons ou ruins. Sonhos podem ser confundidos com ilusões, com utopias. Não permita que ninguém tire proveito de sua vida, manipulando os seus sonhos. Saiba se está no caminho certo, remexendo corajosamente a realidade.

Colocar o nosso pensamento a serviço da nossa vida é reunir a energia, a força e o poder mental para apoiar nossa vida real e fugir das ilusões alucinadas. Alucinações são mortes em vida. E o pior, podem até parecer gostosas.

A superação já é. Está. Existe. Não criamos superação em ninguém. Criamos orientação para as forças da superação.

Não motivamos ninguém. Orientamos as vontades. Estamos sempre superando. Sempre. Se para o bem, o progresso, a evolução, ou se para a involução, o retrocesso, a estagnação ou ainda, se para a omissão ou o tanto faz, eis aí a grande questão. Essa resposta é a graça divina superior.

> A vida é um sistema, uma rede complexa e interligada. O que fazemos ou deixamos de fazer muda as conseqüências. Resultados são efeitos de decisões e de ações. Sonhos não mudam nada. Ações sim. Pare de sonhar e comece a realizar.

A primeira vez na vida em que sentimos a superação serve de um guia orientador do processo que nos movimenta. Isso significa voltar ao nosso oráculo infantil e perguntar a ele novamente como foi. Como fizemos? Quem nos ajudou, quem estava lá?

Se voltássemos no tempo, vivendo intensamente,

alteraríamos ou não os nossos destinos? Só você pode responder isso. A partir da profundidade e da atenção prestada a cada momento, pelo menos a qualidade e a consciência do seu destino você teria mudado. E isso talvez seja o que há de mais importante nele.

E agora é você quem decide. O que você vai fazer com o resto da sua vida? Você sabe a resposta. Ela vive dentro de você, sempre esteve lá. Se ainda tiver dúvidas, pergunte à sua criança interior. Quando somos pequenos, dependemos dos guias maiores para nos orientar, alimentar, educar. Quando somos adultos, dependemos cada vez mais da nossa mão infantil para sermos guiados ao núcleo essencial da nossa missão.

Jornalistas já me perguntaram: "Tejon, o que você quer ser daqui a dez anos?". Bem, se vivo estiver, quero cada vez mais ir ao reencontro daquela criança que eu fui, brincando pela rua Princesa Isabel, na vila Belmiro, em Santos. Quero caminhar cada vez mais ao lado da minha criança. Preciso descobrir o potencial de pureza e de valores que estão ali depositados e que ainda não consegui acessar. Não caminho para a velhice; viajo velozmente rumo à consciência da minha infância.

Os rios sempre serão saudáveis enquanto suas fontes forem preservadas. A sua criança sabe a resposta.

Viaje também. Dê a partida. Destino: a consciência da sua criança interior: *a grande virada*.

13 Pessoas no amor

"Os amantes da verdade não
temem águas tempestuosas ou turvas.
Temem águas rasas".
DULCE TUPACYGUARA

Esta regra de ouro consiste em termos clareza da importância de cultivarmos os relacionamentos no amor. As próximas regras de ouro, até a décima sétima, abordarão as cinco regras voltadas às escolhas que precisamos fazer para sempre atrair relações humanas que nos suportem e ajudem nas viradas da vida.

Quem são as pessoas que você ama e que o amam? Relacione num papel os verdadeiros amores da sua vida.

Separe o amor carnal do fraternal. Companheiro, companheira, namorada, amante, marido, homem, mulher.

Liste os seus amores familiares. O avô, a avó. Aquele tio especial, a prima. Em qualquer família temos alguém que amamos e que nos ama muito. Não que todos não sintam o amor familiar. Mas existem amores doadores, amores altruístas, amores libertadores. E existem amores possessivos, egoístas, centralizadores, amores prisioneiros.

Quem são os seus amigos e amigas aos quais você ama e que o amam? Amar é compartilhar defeitos. Amar não é só o bem-bom da relação. Amar é abertura e liberdade para ser você mesmo, aceitar o outro, crescer juntos.

Quem são os amores do seu dedo polegar? Identifique-os. Alguns estão longe. Você não os tem visto. Mantenha sempre à mão os cinco ou seis grandes amores da sua vida. Não se afaste. Cultive-os. Reaproxime-se. Se já estiverem ao seu lado, valorize-os. E tenha mais conversas sobre o amor com cada um deles. O que é conversar de amor? Com seu companheiro e companheira é o enlevo, os prazeres sexuais, a admiração, a pele sentida e curtida um com o outro. Na fraternidade são as coisas simples, os sonhos, os desejos, as esperanças. São os medos, angustias, as dores. Com aquela pessoa da família, seja biológica ou adotiva, não importa, é o mergulho no invisível, na profundeza das aparências. Fale mais sobre os seus ancestrais. O que você sabe dos seus avós, bisavós, tataravós. O que você sabe dos amigos, dos amores que seus pais tiveram? O que você sabe das realidades que resultaram na sua vida hoje? Dê um profundo beijo nas suas realidades, beijando os legítimos amores da sua família.

Na minha infância havia uma família vizinha da minha casa, que era a família que eu amava. Eu adorava a comida da casa da dona Helena e do seu Orlando. O Orlandinho e a Anele eram os irmãozinhos que eu não tinha. O acaso, ou seja lá qual for a lei que determine o acaso, colocou essa família ao lado da minha. Dona Helena salvou a minha vida, a minha mente e minha saúde psicológica. Dona Helena e o seu Orlando já morreram. Eu demorei muito para prestar atenção na importância da preservação desses imensos amores. Não os procurei durante muito tempo. Não faça isso com seus amores.

A sua lista de relacionamentos não deverá ter mais do que dez nomes para cada linha de cada poderosa relação humana. A razão é simples. Até cinqüenta relacionamentos nós conseguimos administrar. Mais do que isso, já precisamos de outras ferramentas. E estou falando das coisas profundamente íntimas do seu coração, da sua alma. Se falo de cinqüenta, no total dos cinco tipos de elos e vínculos humanos, é para que você também perceba que se você só anda se relacionando com duas ou três pessoas, isso é sinal de limitações na sua abertura.

Quem são os amores do seu amor? Aqueles que tudo podem com você e você com eles. O ombro das suas dores e os olhos das suas alegrias. Identifique-os e defina como você irá vê-los, com qual freqüência e quanto do seu tempo estará dedicando a eles.

Quanto tempo você vai dedicar ao progresso dos caminhos poderosos dos segredos do seu coração – ao amor? Feche o polegar e se comprometa com o amor.

Na escolha do caminho, os elos do amor serão os conselheiros a não permitir que você seja traído pelo próprio coração. Nos momentos mais difíceis das *grandes viradas*, as suas pessoas no amor são essenciais para ajudá-lo a decidir.

14 Pessoas no intelecto

"O amor é muito jovem para saber o que é a consciência. Mas quem não sabe que a consciência nasce com o amor?"

SHAKESPEARE

Não basta apenas ter as trocas e os relacionamentos no poderoso caminho dos segredos do amor. Precisamos de mais quatro linhas. A próxima é representada pelo seu dedo indicador. O indicador é o que aponta. Por ser o que aponta, também é preciso usá-lo com parcimônia. O dedo indicador é o da intelectualidade, do poder do intelecto. A educação, a formação, a informação, a erudição. Quem são os seus relacionamentos admiráveis no campo do intelecto? Você pode admirar autores, estudiosos, cientistas, técnicos. O que desejo é que você identifique os mais próximos de você. Gostaria que você pudesse conversar com essas pessoas. Trocar idéias. Trocar *e-mails*.

Que você possa acompanhar suas conferências, palestras, opiniões, visões. Mas que você possa interagir com eles.

Peço que relacione até cinco intelectuais que você conhece. Ou que você ouviu falar, que tem obras marcantes e que de algum jeito você pode acompanhar, estar mais junto.

O importante para que esta regra de ouro funcione é que você possa sentir, conviver, trocar reais experiências com essas pessoas. Não precisa ser íntimo, nem dizer que é amigo. Mas admirador, conhecido, aprendiz, estudioso. Se amigo, melhor ainda. Mas quem são?

Quem é aquele professor da sua escola que é diferenciado. Ele pode nem ser o seu professor. Mas uma vez identificado, procure acompanhar o que ele anda fazendo. Em tendo uma oportunidade, aproxime-se.

Sobre isso tenho uma experiência sensacional. Meu filho Victor é hoje professor da Universidade Sapienza, localizada em Roma, na Itália. Ele foi, com a mãe Cristina e com a irmã Carolina, ainda pequeno, de mudança para a Itália. Terminou a escola básica em Pescara. Depois fez os testes para a Universidade Sapienza, que oferecia bolsas. Bom estudante, foi bem-sucedido. Um dia eu fui visitá-los e fomos juntos conhecer La Sapienza. Ele tinha uns assuntos para resolver com um dos seus professores. Enquanto esperava, fiquei caminhando pelos corredores da imponente Universidade. Virando um corredor, dei de cara com uma placa, numa das portas, com o nome: Professor Domenico De Masi. Era ele. O próprio professor De Masi.

Sociólogo brilhante e escritor dos *best-sellers A regra e a emoção* e *O ócio criativo*, entre outros. Chamei meu filho e disse: "Victor, esta é a sala de um dos homens mais cultos da sociologia moderna. Um líder. Aproxime-se desse professor. Tê-lo por perto é uma bênção especial, uma bela manifestação da lei do acaso. Comprometa-se comigo que você irá procurar o professor De Masi e ver como poderá estudar com ele, acompanhá-lo. Depois, se você entender que não era o que você queria, não tem problema. Siga outros caminhos. Mas não perca a chance desse contato".

E assim Victor fez. Um ano depois, trabalhava como estagiário do professor De Masi, numa de suas empresas. De Masi foi o orientador da sua tese de doutorado. E, a partir disso, portas importantes foram abertas para ele no mercado italiano. A partir de um elo intelectual, outros vínculos foram estabelecidos. E, além de executivo numa empresa de telecomunicações, Victor atua na área acadêmica, já tendo escrito dois livros.

Quem são os intelectuais com os quais você irá se relacionar? Com quem você já se relaciona? Como você cuidará do tempo para dar tempo a isso? Vá somando. Veja que você já tem cinco amores com cinco intelectuais e observe como a administração do tempo é tudo. E veja como é importante e necessário selecionar o *crème de la crème* das suas relações.

Agora, feche o seu dedo indicador. Na escolha para o sucesso na sua vida, existem crescimentos só possíveis de serem obtidos com a intelectualidade. Sirva-se dessas oferendas do mundo.

15 Pessoas na racionalidade

"O talento educa-se na calma;
o caráter no tumulto da vida."
GOETHE

Agora vamos para o maior de todos os dedos, aquele simplesmente chamado de "maior". E, por ser o maior, é um dedo que representa aspectos fundamentais para as voltas por cima, a superação e o progresso da sua vida.

O maior de todos trata da racionalidade, quer dizer, do que precisamos conhecer e saber para poder viver aqui e agora. Esses relacionamentos são aqueles que têm os pés no chão. Não tem utopia neles. Não tem ilusão. Não cabe a eles o papel dos sonhos. O maior é o juiz. A razão. O que você pode fazer, o que não pode, o que deve, o que não deve, os seus direitos, os seus deveres. É o nosso auditor. O nosso intérprete das leis. O nosso contador. O maior está exatamente no meio da mão. Ele separa os outros quatro dedos, os outros quatro caminhos das regras de ouro que utilizamos para nos ajudar nas voltas por cima, a partir das escolhas dos nossos relacionamentos humanos.

Os amores e os intelectuais necessitam da ciência e do conhecimento da vida. Um intelectual sem racionalidade pode desperdiçar seu intelecto em causas sem pé nem cabeça. O amor sem a força da racionalidade pode ser aprisionador. Está cheio de casos em que os pais criam os filhos para si e não para o mundo. Quer exemplo maior de amor com falta de razão?

Quero saber quem são os seus amigos e relacionamentos racionais. Gostaria que você listasse os elos e os relacionamentos racionais que você tem ou que você precise vir a ter. Conheço pessoas que não têm amigos, nem conhecidos racionais. Formam grupos envolvendo os outros dedos da mão, mas são zeros na razão. Conheço empresários extremamente mal assessorados nesse aspecto. Faltam assessores financeiros, o pessoal de contabilidade vive afastado, a turma dos custos nem existe, assuntos jurídicos são tratados pelo próprio contador. Ou seja, falta razão. Conheço pessoas que se automedicam. São seus próprios médicos, seus próprios enfermeiros. Você precisa saber que necessita do uso da razão para dar a volta por cima, para manter-se superando. Existem situações que somente especialistas podem resolver. Quem são os racionais da sua vida? Identifique-os e volte para sua agenda. Como você irá organizar o seu tempo para compor mais este grupo do secreto poder das superações através das relações humanas que temos?

Agora feche mais esse dedo, o maior, ao lado do indicador e do polegar.

Comece a sentir as vinculações entre as regras de ouro que orientam suas escolhas para a decisão certa.

16 Pessoas na espiritualidade

"Nascer, morrer, renascer ainda e progredir sem cessar."

ALLAN KARDEC

Pule o anular. Vamos deixar o anular para o fim. Logo você vai entender por quê. Deixe o anular quietinho. Não vamos provocá-lo agora.

Olhe para o seu dedo mindinho. Aquele que de vez em quando esquecemos esticadinho, ao pegar a taça de champanhe...

Ele merece todos os champanhes. Ele merece beber das taças. É dele o cálice do vinho. Pai, não precisa afastar de mim esse cálice. O mindinho, pequenininho, talvez seja o grande gigante. Mas, se quisermos esconder algo do ser humano devemos esconder lá, bem profundo, dentro dele mesmo. O mindinho é isso: a espiritualidade.

Quantos amigos e relacionamentos temos que são bastante desenvolvidos na espiritualidade? Essa transcendência de tratar com as realidades ainda ignoradas.

Nesse mesmo dedo mindinho podemos incluir a intuição, a criatividade, a arte. A descoberta. A inventividade. A imaginação. A própria filosofia, quando vista como a reflexão sobre a vida pelo próprio viver. A sensibilização. O sentir.

Muito bem: quantos amigos e relacionamentos você pode contar, ou vai prospectar na linha do poder da espiritualidade?

Agora você já tem uma relação poderosa de elos a serem criados, preservados e estimulados. Gente do amor, da intelectualidade, da razão e da espiritualidade, criação, sensibilização.

Agora vamos lá: feche os outros dedos todos. O polegar do amor, o indicador dos intelectuais, o maior, da galera da racionalidade, o mindinho da espiritualidade. Fechou todos?

Bem forte. Agora vamos ao que faltava. A próxima regra de ouro.

Mantenha a mão fechada. Experimente, quando eu pedir, levantar somente o seu dedo anular. Aquele que faltava, o que fica entre o mindinho e o maior. Mas ainda não.

Feche bem a mão. Vamos fazer um pequeno exercício antes. Com a mão fechada, dê um alô com o polegar dos amores. Levante-o... Só o polegar, OK? Maravilha!

Feche-o de novo. Agora o mesmo exercício com o seu indicador, dos intelectuais. Vamos lá. Levante o indicador. Aponte, flexione. Legal... Recolha os intelectuais novamente.

Agora é a vez do maior. Solte o grandão e o time da racionalidade. Sempre mantendo todos os outros fechados.

Levante o grandão... Muito bem. Feche novamente.

Deixe o anular quietinho. Não vamos provocá-lo agora.

Vá para o seu dedo mindinho. Espiche o mindinho. Fácil, não? Sentiu como o mindinho mexe bem. É claro, é flexível, todo espiritualizado. Ótimo feche todos os dedos de novo.

O cultivo do espírito forma nossa rede de consultores na escolha dos cisnes: os caminhos, os vôos rumo à evolução e ao verdadeiro sucesso. Perceba, leitor, que na arte das viradas que precisamos dar na vida, essa rede de relacionamentos humanos é tudo. São pessoas que cultuam ângulos diferentes do cristal que somos. Nossos relacionamentos são nossos espelhos e vamos precisar de cada um deles para cada momento de superação. Andarmos acompanhados por essa rede de pessoas é um seguro adicional para o sucesso das nossas *grandes viradas*. Vamos agora àquele tipo de relação humana, da qual costumamos não gostar muito. Eu diria, não gostamos nada, mas que é fundamental para ativar todas as anteriores. Vamos lá!

17 Pessoas provocadoras

"O verdadeiro criador é inquieto. Inquietação é vida."

MANUEL OLIVEIRA

Então, lá vai. Chegou a hora e a vez do anular. Mão fechada, atenção. Pronto, tente levantar o anular da mesma forma como você fez com o seu indicador, por exemplo.

Vamos lá, força... Mais força... Dói? Não dói... Mas é mais difícil do que os outros, certo? Sabe por quê? Costuma ser o nosso dedo mais travadinho, menos exercitado. Com exceções, é claro, mas na maioria de nós o dedo anular é o menos usado. Então, agora eu peço a você muita atenção. Não se desespere, nem rejeite a idéia. O dedo anular representa os nossos *relacionamentos provocadores*. Sim, o pessoal que nos provoca, os cutucadores, aqueles de que não gostamos muito. Os diferentes.

Até inimigos. Gente com quem não vamos com a cara, muitas vezes. Mas, a regra é: podemos não gostar deles, porém eles nos provocam e nos fazem pensar.

Eu trabalhava, certa vez, com uma diretora muito brava, agressiva. Dizia tudo o que pensava, doesse ou não. Claro que com isso arrumava inimigos e problemas. Mas ela não hesitava em ser agressiva. Era um autêntico zagueiro de futebol argentino. Brava e pegadora. Eu fugia dela.

Mas, um dia comecei a observar e admirar a capacidade que ela tinha de ser autenticamente feroz e brava. Existem momentos na vida em que não são tão poucos em que precisamos ser duros, firmes. E outros momentos em que não podemos ser intimidados por agressores ousados, que aprenderam a ganhar a vida batendo nos outros.

Então, eu observava aquela diretora. E, com a observação, aprendi aspectos importantes daquele jeito de ser, até para saber não ser como ela todo o tempo, mas para saber ser como ela quando algumas situações exigissem.

Os que pegam no seu pé, os que fazem você fazer coisas que não gostaria de fazer, podem estar abrindo oportunidades maravilhosas para a sua vida.

Aprenda a reconhecer que você precisa dos relacionamentos do seu dedo anular. O mais difícil de mexer. Quando você não se assustar mais com os provocadores irá reconhecer que precisa de adversários. Que precisa respeitar inimigos que mexam com você. E que, ao mexer com você, não fazem necessariamente o mal. Ajudam você a correr da zona de conforto.

Quando no filme *Forrest Gump – O contador de histórias*, o menino Forrest é apedrejado pelos garotos inimigos, precisa começar a correr para salvar a pele. Ele corre, quebra os aparelhos ortopédicos e não pára mais de correr.

Existem inimigos e provocadores que nos fazem tão bem quanto os grandes amores.

Sem a lista dos provocadores, deixamos nossos amigos espirituais, intelectuais, racionais e os amores meio acomodados. Nada como uma boa provocação para salvar alguns casamentos... Certo ou errado?

No mundo corporativo, a concorrência é estimuladora do nosso permanente avanço. No esporte, as marcas olímpicas superadas estimulam os competidores. Na arte, a presença de um grande artista exige que os demais estudem e dêem o melhor de si. A superação é estimulada pela comparação, e pelo campo que separa o que estamos entregando sobre o potencial a percorrer. Quem mais nos fez crescer na vida? Os provocadores.

Agora, feche a mão e abra novamente. Admire sua mão, seus dedos abertos, e organize a sua lista de relacionamentos e de elos. O segredo é o poder de harmonizar esses interesses. Eles não são conflitantes. São apenas dedos diferentes de uma mesma mão. Assim é a vida. O bom conflito é generoso. O mau conflito é destruidor.

SOMOS O RESULTADO DA QUALIDADE E DIVERSIDADE DOS RELACIONAMENTOS HUMANOS QUE CULTIVAMOS NA VIDA.

Nas *grandes viradas*, eles farão a diferença.

18 Ciência e tecnologia ampliando os limites

> *"O conformismo é o carcereiro da liberdade e o inimigo do crescimento."*
>
> JOHN KENNEDY

Se uma mudança existe e se desenvolve espetacularmente, ela tem a ver com a ciência e a tecnologia. A arte da superação, seja nos negócios, na vida pessoal, na profissão passam pelo ingresso na tecnologia. A sua empresa pode dar a volta por cima encontrando um novo produto.

As metodologias dos processos podem dar uma reviravolta na sua organização.

Vamos ver uma seqüência de regras de ouro sobre o novo, as novas regras para dar a volta por cima neste novo tempo.

Nas operações das listas telefônicas do *Estadão*, lançamos a versão virtual das listas, o *ilocal*, com enorme sucesso de vendas e rentabilidade, por exemplo.

No comércio, as lojas virtuais já representam significativas fatias do faturamento. Uma livraria virtual fatura cerca de 30% do que uma livraria tradicional fatura. Um supermercado virtual tem faturamento semelhante ao de uma grande loja de departamento. Sem considerar todos os negócios novos oriundos da tecnologia de informação.

Novas profissões nascem. Os mediadores da mídia social são exemplos ricos e vivos do fenômeno. Pessoas que se responsabilizam pela gestão das redes de relacionamentos em *sites*, como www.peabirus.com.br, por exemplo.

Com a tecnologia, os deficientes superam limites. Hoje, os limites de uma pessoa com deficiência dependem dos limites tecnológicos do seu país.

Antigas bengalas continuam válidas, mas um deficiente visual pode hoje navegar na internet, enviar torpedos pela internet, manter um *site* atualizado e trabalhar virtualmente.

Uma moderna cadeira de rodas virou uma estação multimídia controlada por um *joystick* que pode ser operado com a boca.

E até atletas que perderam as pernas estão fazendo sucesso e correndo mais do que os que têm pernas, nas novas competições.

Cerca de 25 milhões de brasileiros possuem alguma deficiência física, auditiva, visual ou múltipla, e a ciência e a tecnologia ampliam extraordinariamente as suas capacidades de superação.

Compreender o que o avanço da ciência e da tecnologia faz pela qualidade das suas escolhas é fundamental. Trata-se de algo aberto e exposto ao mundo moderno. Grandes corporações têm milhões de vendedores porta a porta no mundo. São novas oportunidades. Cientistas e pesquisadores colaboram como redes livres de inovação para empresas. O mundo permite o acesso de uma pessoa, de um local distante e isolado, aos centros mais adiantados e urbanos. Usar a ciência e a tecnologia é essencial também para a superação no campo das doenças e limitações físicas e mentais. É imenso e crescente o benefício que a ciência pode fazer pela humanidade e por você. O telefone levou mais de setenta anos para atingir cinqüenta milhões de pessoas. A internet levou apenas quatro anos. E essa dinâmica é aceleradíssima. Via internet podemos acompanhar os principais *sites* de todo no mundo. A "rede social" é *a grande virada* do mundo moderno. Uma revolução que fará com que saiam dos países emergentes as novas descobertas e inovações surpreendentes. Tiraram a rolha da garrafa do mundo. Destampamos a lata, liberou geral, todo mundo vai criar e expor. Vai dominar quem estiver com a vontade, a necessidade e a atenção focada. Dos cerca de seis bilhões e seiscentos milhões de pessoas para os nove bilhões no ano de 2050, quase todas sairão dos países emergentes. Portanto, se existem dificuldades, existem também oportunidades. O mundo já virou e continua virando. *A grande virada* será dada por aqueles que tiverem fé na construção da raça humana. A diferença para o passado? Nada faremos sozinhos. Cada vez mais será impossível dizer quem foi o inventor de qualquer coisa. As realizações serão promovidas por redes humanas, diversificadas e conectadas. Sozinho já era!

Tudo será conforto? Nem pensar. Negociar e distribuir o desconforto é a moderna consciência das viradas que vêm por aí.

19 Dialética: quando a saída pode estar na contramão

> *"Entre um mau cozinheiro e um mau envenenador só existe a diferença da intenção."*
>
> CHARLES EMIL HAGDAHL

Uma lei antiga, agora agilizada e muito veloz, é a dialética, que trata do diálogo, da contraposição de idéias. Para uma tese existe uma antítese, que resulta numa síntese. Essa nova ordem transforma-se na nova tese, que é confrontada com a sua antítese, e disso resulta uma nova ordem, uma nova síntese.

Esse processo é interminável. No passado, levava-se muitos anos, séculos até, para que esse movimento de opostos, de conflitos, fosse observado. Hoje essa observação é diária: ter alguma tatuagem na pele, hoje, é sinal de pertencimento, de tribalização; anos atrás, era sinônimo de crime. Para as mulheres belas surgem as antíteses das mulheres saudáveis. Para a fome, a ingestão desmedida de comida, transformando-nos em verdadeiros armazéns ambulantes. Estocamos comida na barriga. Para a gordura, há a anorexia. Sofre-se e morre-se por debilidade extrema.

Os conflitos, as diferentes visões de mundo estão aí presentes para o bem ou para o mal. Como tudo.

Na oposição à globalização existe a valorização do que é local. Isso gera negócios e oportunidades para aldeias, pequenas associações nos recantos mais exóticos do mundo. Esse movimento é viabilizado pelo acesso global que todos podem obter, via distribuição interativa das informações globalizadas. Se por um lado nunca se valorizou tanto o indivíduo, o egocentrismo está estimuladíssimo, por outro lado, nunca assistimos a tantas manifestações altruístas. O passeio de uma tocha olímpica pelo planeta gera manifestações de paz e de apoio ao Tibete, na questão com a China, por exemplo. Uma reunião da OMC (Organização Mundial do Comércio), seja onde for, atrai manifestantes do mundo inteiro para protestar contra a desumanização do consumo, ou outras causas que possam ser consideradas humanitárias.

Olhar as diferentes mãos de direção do mundo é essencial na nova arte das voltas por cima. A saída pode vir exatamente do lado oposto ao que estamos olhando e, quem sabe, até pelas mãos de alguém que consideraríamos adversário, concorrente ou inimigo, até então.

O Leite de Rosa, a manteiga Aviação, o chimarrão, a tapioca e a garapa poderiam ser considerados produtos extintos numa análise sobre o consumo globalizado e a concentração das redes de distribuição do futuro trinta anos atrás. Muito ao contrário, são sucessos segmentados espetaculares. O Pró-Álcool estava "morto". Como uma fênix, renasceu das cinzas e impacta o mundo inteiro. A multinacional Amway tem no Brasil a maior fazenda biodinâmica do mundo. Isso seria uma utopia no passado recente. A lei dos opostos. A dialética. Olhar para a contramão e enxergar *grandes viradas* no contrafluxo dos fluxos. Esta é uma regra de ouro sensacional dos novos tempos.

20 Conexões: somos um time

"Deus fica perto de onde as pessoas demonstram amor umas pelas outras."

PESTALOZZI

Estabelecer conexões, relacionamentos. A famosa palavra em inglês "*network*" é questão sagrada para resolvermos situações. Não conseguimos dar as voltas por cima nem superar crises sozinhos. Precisamos de equipe, de redes de contatos. Para o que for. Em questão de saúde, as redes de informação e de conhecimento é tudo. Para superar grandes traumas, como assassinatos de pessoas muito queridas, como filhos, pais, parentes, amigos, as redes conectoras são essenciais. Dona Mira Falchi criou o IPQ (Instituto Pró-Queimados) como uma forma de superar a dor pelo crime cometido contra seus pais, em que ladrões atearam fogo sobre eles. Dona Jô Clemente criou a Apae para superar os dramas das crianças excepcionais, problema existente no seu querido filho Zequinha. Associações contra a violência. Entidades profissionais. Organizações empresariais.

O estabelecimento das conexões são significativamente importantes nas voltas por cima pessoais, profissionais, empresariais, políticas e para tudo na vida.

As conexões hoje são muito facilitadas exatamente pelo advento da internet, das redes sociais, do barateamento das tecnologias para construção dos bancos de dados, pelos celulares e pela existência de lugares construídos para envolver pessoas com afinidades. A locomoção está facilitada e a comunicação viabilizada para a grande maioria dos habitantes do mundo. No passado, as conexões eram difíceis; levávamos dias para irmos de um local ao outro. Esperávamos horas, ou dias, para poder falar ao telefone.

21 A nova sociedade

"Uma das características que distinguem o vencedor do perdedor é o faro. O vencedor pressente o

desenvolvimento de uma situação. Quando a oportunidade chega, ele já está preparado para aproveitá-la."

ROBERTO SHINYASHIKI

A sociedade está fragmentada e a reclamação por direitos muito mais protegida por leis do que no passado.

A mobilidade dentro das pirâmides sociais pode ainda ser pequena, mas nunca na história foi tão comum a ascensão social. Os direitos à educação. A proibição de preconceitos. Os direitos das minorias. A democracia, se não é o melhor dos mundos, pelo menos é "menos ruim" do que os outros modelos. E numa democracia a liberdade de expressão, as ouvidorias e os *ombudsman* crescem nas organizações. Crescem também os direitos dos consumidores, dos cidadãos. Os "prossumidores" são os consumidores do futuro, que interferirão cada vez mais nas decisões dos fornecedores.

Diversas são as possibilidades para acionar a sociedade e para reclamar. Muito maiores são as perspectivas para proteger e defender grupos, como micros e pequenos empresários, mulheres profissionais, agentes de segurança penitenciários e os próprios sentenciados cumprindo suas penas. Como tudo, o progresso sempre serve ao mal e ao bem. Por isso a discussão da ética é o fator crítico para colocar toda a modernidade a serviço da evolução.

Na nova sociedade existe uma revolução de cisnes. Uma consciência superior se instalando: mais bicicletas e menos automóveis. Mais árvores e menos pastos. Mais trabalhos para menos famosos do que mais famosos para menos trabalhos.

A nova sociedade e sua compreensão é uma das regras de ouro. A nova sociedade exerce pressão, cobra velocidade e tomada de posição. Tem contrastes. Tem caminhos opostos. A decisão das escolhas é crucial para o sucesso de uma vida. Um amigo que assessora presidentes de grandes empresas disse estar maravilhado com o crescimento da segurança que observa em muitas pessoas que optam por se aprofundarem em áreas consideradas, no passado, como artesanais. São os artesãos do futuro. *Chefs* de cozinha, enólogos, *designers* de jóias, donas de salões de beleza e estética, decoradores especializados em luz, cuidadores profissionais de doentes, tricoteiras, bordadeiras, agricultores familiares, *luthiers*, e assim por diante. A nova sociedade permite *grandes viradas* no aproveitamento dos seus fragmentos. Não olhe mais somente para o sol. Ele é gigantesco perante a Terra. Sua luz nos dá vida, mas não permite observarmos milhões de outros corpos. Uma regra de ouro nova, fundamental, é a investigação sobre milhares de milhares de nichos para crescermos do ponto de vista pessoal e profissional. A chamada *long tail*, cauda longa, é um termo da administração que significa olharmos espaços muito pequenos que não víamos antes em produtos e serviços, para progredirmos com dignidade nas viradas das nossas vidas. A nova sociedade pode parecer assustadora, mas pode também parecer regeneradora. Eu diria: você decide.

Preste atenção nesta regra dourada de oportunidades.

22 Ética e virtude, as decisões que valem a vida

"Tudo o que acontece é vida. Toda virtude conquistada na vida é o sucesso que justifica a vida."
O AUTOR

No dicionário *Aurélio*, ética é assim definida:

> Estudo dos juízos de apreciação referentes à conduta humana suscetível de qualificação do ponto de vista do bem e do mal, seja relativamente à determinada sociedade, seja de modo absoluto.

Bem e mal existem. Você decide. Talvez não haja o bem em si. Mas, com certeza existem as virtudes. Elas representam as mais profundas lutas evolutivas do nosso espírito rumo ao aperfeiçoamento.

André Comte-Sponville é professor de filosofia da École Normale Supèrieure da França. É mestre de conferências da Universidade de Paris. Escreveu um livro genial chamado *O pequeno tratado das grandes virtudes*.

São dezoito as grandes virtudes. E a primeira de todas é a *polidez*. Talvez a mais simples de ser incorporada e aprendida. A mais dúbia, também. Ela serve para o engano, para a manipulação. Mas como observava La Bruyère: "A polidez nem sempre inspira a bondade, a eqüidade, a complacência, a gratidão; mas pelo menos dá uma aparência disso e faz o homem parecer, por fora, como deveria ser por dentro". A polidez pode parecer mais uma forma do que uma virtude, porém é a embalagem de todas as outras.

Fidelidade. O espírito fiel é o próprio espírito. O esquecimento é parte permanente da natureza. A mudança e a velocidade são duas leis imperiais da vida. Não há pensamento sem fidelidade. Reler tudo o que nos antecedeu. Relembrar da nossa vida, dos nossos antepassados. A fidelidade é essa vontade de lutar contra o esquecimento.

Prudência, a terceira virtude. Prudência já foi considerada uma ciência. A ciência das coisas que devem ser feitas e das que não devem ser feitas.

Amar, diziam os gregos, não dispensa ninguém de ser inteligente. A moral vigente não deve representar as amarras sobre uma pessoa, os dragões interiores a serem combatidos. É imprudente ouvir apenas a moral, mas é imoral ser imprudente.

Temperança, coragem, justiça, generosidade, compaixão, misericórdia, gratidão, humildade, simplicidade, tolerância, pureza, doçura, boa-fé, humor e amor são as demais virtudes que irrompem com as voltas por cima, com as transposições que realizamos na vida.

De longe, o amor é o mais extenso, amplo e difuso palco da virtude. "O que fazemos por amor sempre se consuma além do bem e do mal", afirmou Nietzsche. A maternidade é um símbolo precioso do amor. Trata de um sacrifício.

Uma mãe passarinho regurgitando e alimentando três ou quatro filhotes num ninho revela que amor e sacrifício estão plenos de união. Quando nos casamos, não nos sacrificamos um pelo outro. Há o sacrifício pelo relacionamento. Pelo novo conjunto que formamos. O amor sempre pressupõe superações e voltas por cima espetaculares. A virtude do amor é o grande poder. É a superação de todas as superações. "O que fazemos por coerção, não fazemos por amor", dizia Kant. Realizar por amor é a força motriz das voltas e voltas por cima que precisaremos dar ao longo de toda nossa existência.

A vida só vale pelo amor que na vida colocamos ou nela descobrimos. Agir como se amássemos é no mínimo um grande e maravilhoso conselho. Porém, só quem ama não precisa agir como se amasse. Amar a si mesmo, amar ao próximo. Amar a humanidade, um irmão. Amar os caminhos da sua recuperação, da sua transformação, da felicidade. A superação das superações significa repor as coisas do lado correto. Sacrificarmos o elogio à vida e não a nossa vida ao elogio. Dedicarmos a celebridade à vida e não a vida à celebridade. Amar pode ser encontrar a sua riqueza fora de si. Mas é através da virtude do amor que iluminamos todas as virtudes anteriores.

Não nascemos virtuosos. Aprendemos. Observamos. Imitamos as virtudes. Podemos passar a admirar as virtudes ou os seus contrários, como a cobiça, a inveja, a ira. Novamente somos nós que decidimos. Sob a pressão das mudanças forçadas, quando somos chamados pelo mundo a superar e dar voltas por cima em situações difíceis, nas tragédias, nas separações, nas mortes, nas falências empresariais, aprendemos em altíssima velocidade o valor das virtudes. Ficamos dependentes do auxílio, da competência dos outros, da solidariedade, dos ajudadores. Porém, no crescimento, no progresso, na grandiosidade das grandes obras, também reconhecemos que são as virtudes que nos suportam.

Nada que vence e supera o tempo resiste à ausência das virtudes. Os valores empresariais, familiares, nacionais, globais são os testamentos para não permitir que percamos a fidelidade. Para não nos autorizar o esquecimento da sensatez, do que realmente nos trouxe até aqui. Uma escada de valores que suportou e superou infortúnios, injustiças, insensatez e ausência de virtudes.

Eu não duvido dos poderes evolutivos e do bem superando e conduzindo a humanidade rumo ao futuro. Isso vale para todos e para cada um de nós individualmente.

O amor, mas não o amor egoísta – que não é amor de verdade, mas egoísmo –, é sinônimo da liberdade e da superação de todas as superações.

Ao conquistarmos virtudes, atuamos na revelação dos cisnes e dos hábitos que resultam nos legítimos prazeres do viver.

Seja o que for que você está passando agora, confie nos caminhos da ética e das virtudes. Aquilo que você está preparando, um projeto novo, a participação em uma entrevista de emprego, uma promoção. A ética é o que pode permitir o seu crescimento em alta velocidade. As virtudes é que atrairão equipes virtuosas ao seu lado. Esta regra de ouro é poderosa, pois quando você a utiliza convictamente você também exige a contrapartida. Você a aplica para os outros e não permite a ausência delas na relação com você.

Eqüidade e justiça são virtudes de mão dupla. Vão e vem.

Ética e virtude não são instrumentos de fracos ou de ingênuos. Pelo contrário, são os músculos dos sábios fortes. Quanto mais você usar, mais preparados irão estar.

23 Velocidade, a mudança das mudanças

Um vendedor de cavalos dizia a um freguês
que aquele animal era tão veloz, mas tão veloz,
que se ele saísse de São Paulo à meia-noite,
chegaria ao Rio às 5 horas da manhã!
O freguês respondeu:
"E o que eu vou fazer lá tão cedo assim?".

Velocidade é o nome da vida no século XXI. Tudo é acelerado. Papéis diferentes precisam ser vivenciados por todos. Ninguém possui mais uma só habilidade.

Nas empresas mudamos de cargos e de posições o tempo todo. Somos chamados para forças-tarefa constantemente. Não mandamos mais diretamente quase em ninguém. Cadeia de valor é a ordem. As redes que ligam fornecedores e processadores aos consumidores são formadas por células independentes. Para que elas funcionem, precisamos dominar muitas áreas novas, ter novas especializações. Tudo o que conhecemos hoje, criado a partir da primeira bomba atômica explodida em 1945 na cidade de Hiroshima, no Japão, foi desenvolvido no último milésimo de segundo no relógio do tempo da história da formação do planeta Terra.

Antigamente as pessoas achavam que o hoje seria igual ao ontem, e que o amanhã seria também igual. Nada mudaria.

Hoje assistimos a velocidade das mudanças em apenas uma vida. E quantas mudanças. Uma jovem que não se casasse até os 21 anos de idade, na década de 1960, já ficava malvista na vizinhança. Uma mulher que se separasse ficava malfalada, como se dizia. Um solteirão também era uma coisa esquisita. As crianças eram criadas para sair de casa e assumir suas vidas logo cedo. Hoje, a última coisa que desejam é sair da casa dos pais e avós.

Como fazemos para colocar a velocidade a nosso serviço e não contra nós? Todas as regras de ouro nos auxiliam nisso. Nossa rede de relações, as conexões, a ética, a informação, a abertura, a flexibilidade. Quanto mais alimentarmos o inconsciente com boa matéria-prima, maior será o suprimento de boas e saudáveis intuições que ele enviará ao inconsciente.

A intuição, a capacidade de sentir em segundos os valores – a possibilidade de escolhermos automaticamente, em frações de segundo. Tudo isso é manancial para sermos competitivos e criativos na velocidade deste tempo, a maior de todas as mudanças.

Um amigo me disse outro dia que, se soubesse que os grandes veículos de comunicação não fossem reagir ao lançamento dos jornais gratuitos no Brasil, teria lançado o seu com capital próprio mesmo. Pois é, velocidade é tudo. Não só os grandes jornais não fizeram nada, como já existem diversos jornais gratuitos, dentre eles, dois de grande porte internacional. E o que mudou? Novas áreas de verbas publicitárias estão sendo conquistadas. O que mudou é o descobrimento de novos nichos e a ampliação das coisas. Idem para as verbas que vão para o Google e o Yahoo. E se isso for sofisticado demais para alguns, veja o fenômeno das centenas de barraquinhas que servem café da manhã nas esquinas de cidades como São Paulo. Alguns são "chafés". Mas outros são ótimos. Excelentes na velocidade de vida. Os modernos feirantes anotam a sua lista de compras por telefone, fazem a feira para você e entregam na sua casa. Sensacional. Negócios novos no campo da conveniência. Velocidade.

A velocidade permite *grandes viradas.* A preparação perpétua para decidir transforma grandes empresas e empresários em dinossauros mastodônticos. Na vida pessoal, na família, ser veloz não é sinônimo de ser superficial. É contar a vida no ritmo das batidas do coração e tomar consciência de que a cada batida quatro pessoas nascem e duas morrem. Velocidade é a mudança das mudanças, é tomar a pulsação da nova consciência.

24 Diversidade e sustentabilidade

"Dois e dois são quatro! Para mim, senhor, isto é uma impertinência."

DOSTOIEVSKI

Os diferentes passaram a ter vez. Aleluia. A sustentabilidade virou palavra obrigatória em tudo, nos negócios e na vida como um todo.

Você é sustentável? O que é a pessoa sustentável? O que são organização e sociedade sustentáveis?

São pessoas, sociedades e empresas que não roubam do futuro para lucrar no presente.

Vivemos uma volta por cima imensa, uma verdadeira revolução nas tecnologias e nos processos para atuarmos com sustentabilidade em tudo. Na agropecuária, as matas precisam ser preservadas, a compactação do solo observada e os engenheiros que pesquisam pneus e fazem máquinas agrícolas precisam estar ligados em tudo isso.

Os acidentes de trabalho são investigados e interferem na aprovação ou não de fornecedores em grandes contratos comerciais.

O respeito à diversidade ambiental, vegetal, animal e humana exige superação de assuntos morais e de valores.

Os valores significam a forma com a qual ensinamos o nosso cérebro a tomar decisões instantaneamente. É o *online* de como decidimos. Optamos por um caminho ou pelo outro, por uma amizade ou outra, por um programa no final de semana ou outro, por como gastar nosso dinheiro, como ganhá-lo, dependendo dos nossos valores. São os grandes guias internos. Na infância, seria como nossos pais nos ensinavam a decidir, a agir.

Essa é uma área essencial nas voltas por cima, nas superações a serem realizadas por todos nós. Os velhos e novos valores sociais acionam a mudança e nos arrancam das clássicas zonas de conforto. Coisas com as quais sofríamos terrivelmente no passado, hoje não são nem mais sequer percebidas. E outras nos incomodam profundamente. Não acompanhar a variedade da moda e das tentações do consumo, por exemplo.

O que precisamos fazer nas nossas carreiras, para sermos saudáveis e sustentáveis:

O que você precisa fazer para ter uma carreira sustentável é transformar-se num profissional saudável.

O que é isso? Como fazer isso?

Em primeiro lugar, é fundamental compreender o mundo que nos cerca. Entender a mudança. Ou melhor ainda, ter consciência absoluta da velocidade e da dinâmica complexas do moderno entorno corporativo. Nas quinhentas maiores empresas da *Fortune*, listadas em 2007, ocorreram cerca de quinhentas mil movimentações de cargos. Isto é: ficamos cada vez menos tempo em uma função específica, nos transformamos em membros permanentes de equipes diferentes.

A socialização, a competência interpessoal, a comunicação transformam-se no ativo vital para o profissional saudável do século XXI.

A abertura para aprender, a flexibilidade para o novo, o prestar atenção nos detalhes da realidade configuram outra importante característica da saúde profissional. Uma carreira de sucesso e sustentável é aquela que tem um ciclo de vida longo. Mas como conciliar ciclos longos de uma carreira se vivemos em ambientes corporativos mutáveis, em transformação permanente, em que grupos são criados e mudados em curtíssimo espaço de tempo?

A moderna carreira sustentável não é mais monolítica. É construída de múltiplas pequenas carreiras que vão se somando uma a outra. Um executivo do setor de mecânica assume uma nova empresa de mídia. Quando a sua carreira poderia estar chegando ao fim, na verdade recebe uma nova injeção de motivação e oportunidade para um ciclo novo. O profissional saudável não tem fim, está sempre no começo. Isso exige uma criativa maneira de enxergar o mundo. Ver a vida como uma fonte inesgotável de riquezas e de abundancia. Admirar a criação, mais veementemente do que a competição.

A carreira sustentável é aquela que não toma emprestado do futuro, para realizar o presente e se esquece que esse empréstimo um dia será cobrado implacavelmente. A carreira sustentável é a criação de novas carreiras a cada ano. Aquele mesmo executivo que assumiu uma organização de mídia e vinha do setor mecânico, em paralelo a tudo isso organizava como *hobby* uma atividade no setor de entretenimento, dava aulas em MBAs, participava ativamente de associações e de entidades de classe, tocava *rock & roll*, crescia com os filhos, amava a família, cultivava com fé diferentes papéis. Era curioso de um universo muito mais amplo do que a sua sala na indústria de máquinas.

O profissional saudável utiliza um telescópio "hubble" para olhar o mundo que o cerca. Com isso amplifica a visão do exterior em bilhões de vezes. O profissional saudável atua com *empowerment* e redistribui *empowerment*, consciente da criação de redes e de equipes realizadoras. O profissional saudável não menospreza a importância dos microscópios, para olhar no minúsculo mundo dos detalhes os segredos dos números, e os sutis indicadores que permitem antever os grandes movimentos futuros.

Carreiras sustentáveis não acabam nunca, e exigem profissionais saudáveis, física, mental e espiritualmente. Tudo isso é uma extraordinária oportunidade para a construção da superpessoa.

O acelerar da evolução humana em todos os sentidos.

25 Comunicação: saber ouvir e depois falar

"Pensamento é o que envolve a Terra hoje."

TEILHARD DE CHARDIN

A comunicação é o miolo das conexões. Relacionamentos podem ir para o lado positivo do "conflitograma" – paz e amor –, ou para o seu oposto – guerra e ódio.

É preciso aprender a negociar. Saber ouvir. Mas ouvir mesmo. É preciso conseguir se expressar. Escrever *e-mails*. Desenvolver a empatia, a verdadeira competência para saber se colocar nos sapatos dos outros. Essas são leis vitais para as voltas por cima da vida.

Outro dia recebi a visita de um profissional com uma carreira brilhante. Há cinqüenta anos prestava serviços para uma das maiores cooperativas agrícolas do mundo. Havia sido superintendente geral e ocupava posições estratégicas de alta relevância na organização. Vinha agora conversar para se aconselhar. Ele queria ouvir opiniões sobre o que fazer doravante. Como reinventar sua carreira, sua vida?

Considerei esse exemplo de grande sabedoria. Um homem conhecedor do mundo, um *expert* no que fazia com grandes conhecimentos e relacionamentos, viajou de muito longe para se comunicar, para ouvir.

Fiquei impressionado. Pois ele ouviu carinhosa e profundamente tudo o que eu podia dizer a ele.

Para dar a volta por cima num ciclo de sua carreira que terminava, essa pessoa utilizava a regra de ouro da comunicação para a superação. Ao fazer isso, não apenas escutava e auscultava as experiências de terceiros, como nos colocava a todos ligados e comprometidos com ela. Simplesmente genial!

26 Papéis na vida

"Um grande ser humano é aquele que consegue viver vários papéis na vida com fé e verdade."

O AUTOR

Talvez uma das mais importantes particularidades das voltas por cima e superações seja a construção de novos papéis para cada um de nós na vida.

Para superar, realizar uma reviravolta em qualquer coisa, nos negócios, na profissão ou na nossa vida pessoal, é necessário mudar de papel. A personagem que nos trouxe até determinado ponto da vida já não é mais competente, ou habilidosa, ou possuidora de conhecimentos que nos leve ao futuro.

As pressões que observamos nas empresas para que os profissionais façam mais coisas, façam melhor, prestem serviços, operem com qualidade, não é resolvida somente com o treinamento e a formação. O grande desafio é a pessoa querer. Para querer precisa ter sua motivação recanalizada. É preciso ter vontade. Isso passa por alterar valores e visões interiores. Aprender de novo.

Flexibilidade. Criação de si mesmo.

No caso de superar um trauma, enquanto não abandonarmos o apego umbilical ao que éramos antes do acidente, da catástrofe, não conseguiremos andar para a frente.

Só superamos quando transcendemos, quando, de verdade, criamos um novo papel para interpretar no teatro real da vida. O planeta Terra é um palco. Somos atores e atrizes. A volta por cima exige que sejamos também os diretores e os autores dos nossos espetáculos. Tomar consciência e escrever novos textos para nossos dramas, comédias e tragédias é decisivo.

Talento é a capacidade de permitir-se experienciar as realidades que o cercam. Sem medos. Avance sempre.

Você gosta de teatro? Recomendo que passe a estudá-lo e, idealmente, procure um curso de teatro que ensine com o método de Constantin Stanislavsky (*A preparação do ator*), fundador do teatro realista. Esse conhecimento poderá ser de enorme importância nas viradas que você esta precisando dar na sua vida.

27 O fluxo involuntário

"É preciso ter solidariedade com uma grande causa e fazer com grandeza as menores coisas."

TEILHARD DE CHARDIN

Existem as escolhas voluntárias e as involuntárias. As voluntárias são aquelas que procuramos conscientemente. As involuntárias são as que vêm a nós, independentemente de as procurarmos.

As regras de ouro até a de número 37 tratarão de ângulos nos quais a fé torna-se um motor imbatível nas *grandes viradas*. Eu sou uma testemunha viva dos resultados destas regras. Elas foram aplicadas em mim por minha mãe adotiva, na grande luta que exercia para a minha superação. Ela não sabia nada disso. Eu também não. Mas foi exatamente isso o que foi feito e realizado por ela. Se fez comigo e funcionou, com certeza você pode refletir, usar na sua vida e com quem precisar e desejar.

As escolhas involuntárias não são racionalmente solicitadas, mas são atraídas, orientadas e filtradas por nós. Quando nos conectamos na imensidão da fé, nos ligamos fora da dúvida, alteramos nossos destinos na vida, negócios e profissões. As escolhas involuntárias são escolhas que atingem a infinitude das realidades desconhecidas e se comunicam com elas e com as imensas e poderosas forças que regem o universo.

O primeiro de todos os caminhos é a chave que abre os portais para elas: trata-se de permitir que sejamos acessados pelas leis naturais. Dar chances ao acaso. Os acasos são forças poderosas que regem toda a natureza e o universo conhecido e desconhecido.

Existe um ponto de partida, uma ignição, que consiste em nos entregarmos às forças desconhecidas, autorizando sua invasão em nós. A atração aceita e consentida tem a vantagem de admitir esse poder, mas ao mesmo tempo atuar como um filtro, selecionando o que nos leva ao progresso, à saúde, à riqueza, à harmonia, à felicidade e ao sucesso, descartando todas as outras possibilidades. O fluxo involuntário vem de você se submeter ao comando do criador, ou Deus, ou ao comando superior das forças universais, não importa o nome, e estabelecer uma abertura, uma porta permanentemente aberta para a recepção dos desejados e deliciosos acasos com os quais somos premiados ao receber a vida e ao viver e morrer na alegria das missões realizadas. E passar esses significados para quem nos cerca. O fluxo involuntário é um portal aberto, *on-line*. Mas sem os demais passos dos caminhos seguintes (até a regra de ouro n. 37), torna-se impotente para operar as voltas por cima e as superações necessárias para viver.

A partícula "higgs" está para ser revelada cientificamente no maior acelerador de partículas do mundo, na Europa. Esse enorme equipamento deverá mostrar a tese do cientista Higgs, que intuiu a existência da menor partícula aglutinadora de matéria do universo. Essa substância original atrai e concentra a matéria no seu entorno. Esse fundamento do universo poderia ser acessado pela fé criadora humana. As atrações do que chamamos de acasos, seriam então mais bem explicadas. O poder da atração é o acesso ao fluxo involuntário, é uma fé. As notas musicais existem. São as mesmas. O artista, entretanto, as acessa. Ninguém consegue explicar. Existe música no universo. *A grande virada* pede fé. Eliminação da dúvida no potencial a ser tocado.

Exemplo de grande virada

No ano de 2008, Edílson dos Santos procurou seu filho desaparecido na selva amazônica por sessenta dias sem desistir. Entrava e saía da floresta com a ajuda de dois índios. Quando encontrou seu filho Jonathan, este estava já nos últimos instantes de vida. Edílson pegou o filho no colo. O rapaz lacrimejou e ainda disse: "Pai, agora estou em casa", e morreu. A lição é o que o pai Edílson mandou escrever: "Quando tiver um filho, tem que fazer por ele enquanto ele está vivo. Depois que morre, acabou-se".

---

28 Fé na força criativa

"A personalidade sadia existe sempre com a possibilidade futura."

FLAVIO DE TOLEDO

Quando atuamos com fé, que é a crença na fonte criadora que rege todo o universo – à qual nós, como filhos universais, estamos também expostos –, recebemos livremente esse fluxo de realidades e de verdades. Encontramos então uma base verdadeira para dar a volta por cima.

Essas energias, substâncias, inteligências sem nome, ou com o nome de Deus, são as mesmas que criam e destroem galáxias. Que espalham a vida pelo cosmos. São os buracos negros espaciais sugadores de energias monumentais. São a possibilidade de encontrarmos concentradas, num espaço do tamanho de uma bola de pingue-pongue, estrelas de dimensões maiores do que as do nosso Sol.

A lei universal da criação, progresso, morte, nascimento, renascimento, transformação é uma verdade comprovada pela ciência atual. O que vale para as galáxias vale para o microcosmo de um átomo. Vale para nós.

Alinhar-se à inevitabilidade das forças e verdades superiores é o que representa atuar com fé.

Como maestros dessas notas musicais não duvidamos de que as notas existem, de que ao afinarmos nossos ouvidos aprendemos a reconhecê-las e admitimos o contato com o estado criador do mundo. Essa verdade está sendo usada metaforicamente, porém, ela atua com o mesmo poder para nos recriar como pessoas. Esses caminhos, nestas regras de ouro, são os mais poderosos de todos por serem invisíveis. São ocultos. Estão submersos no oculto do oculto. O fluxo involuntário e a fé na força criativa pressupõem uma pessoa pura. A nossa intelectualidade costuma ser inimiga da fé. Os artistas conversam com essas partículas. Os inventores também. Eles descobrem que não fazem mais nada a não ser trazer a nós o que já existe. São arranjadores dos conhecimentos que já estão disponíveis no universo, sejam científicos ou artísticos.

Nas *grandes viradas* precisamos entrar com a fé. A fé em que podemos acessar forças e energias. Isso é o que usamos para criar produtos, tecnologia, música, poesia e é o que podemos usar para a nossa vida, na sua maior intimidade e necessidade. Para nós mesmos ou para outras pessoas que necessitam de nós.

Exemplo de grande virada

Niki Lauda participou de 177 grandes prêmios de Fórmula 1. Foi tricampeão mundial. Em 1976 sofreu um grave acidente. Queimou o corpo e parte do rosto. Um padre lhe deu a extrema-unção. Com uma fé na força criativa interior surpreendente, voltou às pistas e conquistou dois títulos mundiais.

---

29 Fé na sua criação

"O humanismo é a crença na unidade da raça humana e no potencial do homem para aperfeiçoar-se através dos seus próprios esforços."

ERICH FROMM

Fomos premiados com um cérebro. Com a capacidade do pensamento. Nosso pensamento permitiu-nos criar ferramentas, armas, inventos, e assumir a condição de senhores do planeta Terra – os reis da passagem.

Em algum ponto, há milhões de anos, um ancestral da nossa raça teve uma mutação genética. Ocorreu uma substituição de massa da arcada maxilar na sua cabeça. Em contrapartida, desenvolveu-se ali um cérebro maior. Trocamos a garra e a força da mordida da nossa mandíbula pela capacidade de pensar. Ficamos mais frágeis para agarrar, morder e arrancar com os dentes, mas ganhamos em inteligência.

Fizemos artefatos para ampliar nossas mãos, pernas, boca. Estendemos nossos centros nervosos, de ataque e defesa, nossos músculos, para mais longe do nosso corpo vulnerável. Trocamos uma mandíbula por um cérebro.

Foi ao acaso essa mutação genética? Se foi, se a sorte existe, ela só pôde suceder e se realizar porque alguém estava lá.

Milhares de anos depois, outra mutação genética criou o segundo fenômeno na humanidade. Alguém, um pequeno mutante, veio com a capacidade de comunicação. Os primeiros sinais. O poder da comunicação amplificou a vantagem competitiva da raça humana perante as demais. Ficamos menos fortes individualmente, fisicamente. E ficamos mais fortes coletivamente, inteligentes e com o poder de comunicar para as novas gerações as conquistas e os avanços das anteriores. As heranças já não seriam somente genéticas. As heranças seriam culturais, intelectuais.

Começava a vitória dos genes mentais, os "memes", sobre os genes dedicados exclusivamente à reprodução, à multiplicação da espécie pela espécie.

Nosso pensamento alterava a informação genética.

Esta regra de ouro significa acreditar na verdade cocriadora. Com nosso pensamento interferimos na criação.

Criamos realidades novas, descobrindo interações e conexões das leis universais já existentes na natureza. Ao integrar essas duas leis básicas começamos a atuar como pilotos do nosso destino, canalizando nossas voltas por cima e superações com fins mais determinados pelo poder da nossa vontade e escolha.

A manifestação e a concretização das nossas conquistas, vitórias e progressos se dá através da *coisa da arte simples*. O que é isso? Simples: realizar. A lei que nos conecta à superação é a lei do *começar a fazer; realizar com aquilo que você tem disponível aqui, agora, já*. Com o que está ao seu alcance, aí, exatamente onde você se encontra.

Realizar grande, mesmo as menores e minúsculas coisas é a ignição, o que dá a partida na superação. Somos passageiros vivos da passagem. Nossa manifestação é através da realização. Beijar sua realidade, prestar atenção, estar apaixonado e focado em tudo o que o cerca permite aproveitar-se de forças desconhecidas. Atraímos o acaso positivo. Pegamos com nossas mãos, sentidos e fazemos. Realizamos grande aquilo que a pessoa não avisada desdenharia, aquilo para a qual ela não olharia.

Realizar com o que existe presente ao seu lado é a lei vital da volta por cima, da superação. Existem pessoas que têm riquezas, patrimônio, saúde, beleza, inteligência, cultura, empresas, cargos de muito poder, e nada fazem para utilizar esses meios, esses caminhos para o progresso de si mesmos como passageiros, que inevitavelmente chegarão ao ponto final desta passagem.

Ao não realizarem a preservação e a permanente evolução desses bens, causam tanto mal para si quanto para todos que os cercam e que poderiam também usufruir dessas obras futuramente.

A fé na criação e a certeza da transformação. Numa igreja, na Idade Média, estavam os restos mortais de um santo. Isso atraía muitos fiéis em romarias. Uma noite, ladrões saquearam a igreja e levaram os ossos do santo.

Os padres, preocupados com os fiéis, substituíram os ossos do santo pelos de um indigente, até esclarecerem o roubo.

Os milagres continuaram ocorrendo da mesma forma que antes. O milagre não dependia do santo e sim da fé do fiel.

Realizar grande mesmo com a menor de todas as coisas é o melhor desta regra de ouro. As energias e forças não separam o que é um trabalho grande de um pequeno, até por que isso é fruto do nosso próprio julgamento. Ao nos acostumarmos a fazer sempre grande com o que temos nas mãos, nos vinculamos ao hábito das *grandes viradas* em tudo. A não observação de um pequeno furo no dique provoca uma grande catástrofe. Ao realizar, tocamos as realidades ainda desconhecidas. Esse é o grande tesouro das viradas que daremos na vida. Vá!

Exemplo de grande virada

Joãozinho Trinta liderou os desfiles das escolas de samba do Rio de Janeiro. Ganhou vários títu-

los. Saiu do Maranhão para ser bailarino e virou o REI do Carnaval. O segredo de sua grande virada ele diz ser: "Descubro talentos e formo equipes, a vitória começa com os empurradores dos carros: eles fazem força, os outros sambam". É a fé na sua criação.

---

30 Fé nas ferramentas, nos meios

"O inferno é a dor de já não poder mais voltar a amar."

DOSTOIEVSKI

Realizar com o que se tem à mão significa prestar atenção, ter foco, concentração, o que também pode ser interpretado como paixão. Qualidade e produtividade são a dignidade da vida. Fazer muito bem feito e valorizando o tempo.

Samuel Pisar foi um sobrevivente nos campos de concentração nazista da Segunda Guerra Mundial. Como deu a volta por cima, como superou, como se salvou?

Milhões morreram. Ao lado de Samuel Pisar, dezenas de presos foram encaminhados, numa tarde, para os fornos crematórios, onde eram abatidos com a emissão de gases dos falsos chuveiros. No grande salão, angústia, desespero.

Em grandes grupos, as pessoas eram colocadas dentro das salas dos "banhos". Samuel, na fila, acompanhava esse cortejo desesperado para a morte. Dentro da sua mente, vivia forte a imagem de seus pais com a irmãzinha no colo, sendo separados dele, um pouco antes daquele momento tenebroso. O choro da pequena irmã parecia mais alto do que ele conseguia chorar dentro de si. Aquele rosto da menina em lágrimas parecia que servia para mantê-lo conectado, ligado, focado nos microdetalhes da realidade que o cercava.

Então, como que por via de uma luz divina, ele encontrou no chão dessa ante-sala da morte um balde, uma escova e um sabão. Ajoelhou-se, pegou a escova, o balde e começou a esfregar o chão da sala, olhando fixamente para cada palmo de chão que limpava. Apagou o mundo fora de si, concentrou-se totalmente na escova que arranhava o chão imundo do tétrico lugar.

Os outros prisioneiros foram conduzidos para a câmara de gás, onde morreram, todos. Samuel continuou esfregando, esfregando, esfregando. No meio do desespero, do caos, da dor, da morte inevitável, Samuel salvou sua vida prestando atenção num balde, numa escova e no sabão. Salvou sua vida esfregando o chão do lugar onde todos caminhavam, já possivelmente mortos antes da própria morte, de fato, chegar.

Samuel atuou com toda fé nas ferramentas e nos meios que tinha nas mãos ali, naquele momento do seu agora: o balde, o sabão e a escova.

Assim, através das obras reais, do que fazemos com o mundo que nos cerca aqui e agora, onde estamos nesse exato instante, entramos no fluxo das voltas por cima e das superações.

Começar a fazer é a lei essencial. Alguns se salvam por acreditar que podem e por perceber um balde no meio de uma sala suja e torturante. Outros se perdem por não sentirem os prazeres, o amor e a riqueza da qual já desfrutam.

O príncipe Sidharta, fundador do budismo, foi criado num luxuoso palácio real. Foi o filho de um rei que governava Kapilavastu, cidade do nordeste da Índia, próxima à fronteira do Nepal. Nasceu em 563 a.C., em Lumbini, nos limites do atual Nepal. Observador da vida, logo concluiu que os seres humanos eram na maioria pobres e sempre necessitados. Porém, concluiu também que mesmo os ricos e poderosos, em geral, mostravam-se frustrados, infelizes, adoeciam e morriam.

Sidharta pensou, então: "Com certeza, deve haver algo na vida além de prazeres passageiros que são muito cedo apagados pelo sofrimento".

Aos 29 anos, após o nascimento do seu filho, Gautama decidiu abandonar seu modo de vida, sua riqueza, seu poder. Abandonou o palácio e seguiu à procura da verdade. Para trás deixou tudo, incluindo a mulher, o filho pequeno e todas as propriedades. Sidharta matava o papel do príncipe e criava o do mestre na sua vida e para a humanidade.

Paulo, contemporâneo de Jesus Cristo, era Saulo. Nasceu em Tarso. Cidadão romano, poderoso, participou das perseguições aos cristãos. Numa viagem a Damasco, mudou sua vida e se transformou no adepto mais vigoroso e influente difusor do cristianismo no mundo. Morria o personagem Paulo Romano e nascia São Paulo, considerado um dos principais disseminadores do cristianismo.

Maomé se casou com uma rica viúva aos vinte e cinco anos. Já perto dos quarenta anos de idade, mostrava poucos sinais de que seria uma pessoa especial e fora do comum. Os árabes, na sua maioria, eram pagãos e acreditavam na existência de muitos deuses. Em Meca, um pequeno número de judeus e cristãos, ao contrário, acreditava em um Deus único e onipotente que dominava todo o universo.

Maomé, logo após os quarenta anos, começou a pregar aos amigos íntimos, reservadamente, que estava convencido da existência de um Deus único: Alá. Foi considerado perigoso e incômodo para a ordem local e da época. Fugiu para Medina, e assim terminou a vida do personagem de um homem casado, rico e simples, e nasceu o profeta que construiu influência e o governante com poderes absolutos, em torno do ano 630 d.C.

Moisés, o profeta verdadeiro. Atualmente, cerca de mais de 32 séculos após a sua morte, é reverenciado por judeus, cristãos, muçulmanos e respeitado por agnósticos. E, talvez, seja mais conhecido hoje do que no passado, graças aos meios de comunicação. Três grandes créditos são conferidos a Moisés. O primeiro é o de ter sido o líder político que conduziu os hebreus no êxodo do Egito.

O segundo crédito é o de ser o provável autor dos primeiros cinco livros da Bíblia (Gênesis, Êxodo, Levítico, Números e Deuteronômio). Esses cinco livros de Moisés constituem a Torah judaica, o Pentateuco. E incluem o código de Moisés e os Dez Mandamentos. O terceiro crédito, aceito por muitos especialistas, é o de ter sido o fundador do monoteísmo judaico. Esse trabalho de Moisés representou a maior de todas as revoluções da história.

No passado, as pessoas mudavam de deuses. Quando perdiam guerras, ocorriam secas, inundações, enfim, qualquer tragédia, catástrofe ou infortúnio, a culpa era dos deuses.

Para Moisés, independente da percepção de sucesso ou de fracasso, o Deus único ficava sempre acima das manifestações terrenas. Moisés trazia para a humanidade a responsabilidade e a consciência do discernimento. Com todas as privações passadas pelo seu povo, o monoteísmo teria perecido, não fosse a liderança e a fé total de Moisés nesse princípio.

Moisés atuou com o que possuía nas suas mãos. E não eram coisas agradáveis: escravidão, menosprezo, rejeições, fome, doenças, pragas, desterro. A sua crença apaixonada e a atuação com as palavras e os atos foram as suas ferramentas e meios para difundir, o que terminou por se espalhar pelo mundo todo. Tanto o cristianismo, quanto o islamismo, as duas maiores religiões do mundo, derivam do monoteísmo judaico.

Alan Kardec, o codificador do espiritismo, é outro exemplo de transcendência e da utilização das ferramentas e meios à sua disposição para dar voltas por cima e superar visões, filosofias e condutas humanas. Kardec era apaixonado por educação. Um educador. Para ele o aprimoramento do espírito ocorria através de processos educacionais, de consciência. O kardecismo é respeitado e pleno de obras virtuosas. Trata-se de outra imensa contribuição para as superações humanas.

Para encerrar este caminho do uso das ferramentas e meios, como forma pela qual alteramos a história, o mundo e a nós mesmos, quero reforçar aqui que não basta pensar, rezar ou mesmo ter uma imensa fé, mas que é preciso ir além e criar, dar forma e *design* para nossas idéias e propostas. A materialização, o trazer para o aqui e agora as formas às vezes vagas dos conceitos, é o aspecto marcante desse processo da superação.

Jesus Cristo era poderosamente carismático e possuidor de uma marcante personalidade. Causava impressões comoventes e inesquecíveis em quem o conhecesse. Um dos eixos centrais de Jesus era sua regra de ouro, um guia de conduta moral. Jesus Cristo ofereceu ao mundo idéias originais, como:

> Amai vossos inimigos, fazei bem aos que vos odeiam e orai pelos que vos perseguem e caluniam.
> Não resistais ao que é mau, mas se alguém te ferir na tua face direita, apresenta-lhe também a outra.

É na passagem do cálice, no entanto, que Jesus Cristo exerce a prática mais poderosa do uso dos instrumentos, ferramentas e meios à sua disposição para a poderosa superação cristã.

Ao ser tentado a afastar o cálice, representando as provações e sacrifícios terrenos que teria que exercer para concretizar o amor cristão, decide ficar e beber do cálice amargo. Pega suas ferramentas à mão e as utiliza como marcas para toda a eternidade. O cálice poderia ter sido afastado, mas sua decisão foi de fazer o que tinha que ser feito, ali, naquele momento. Não bastava a fé. Não era suficiente a criação. Era necessária a sua materialização.

As guitarras não criam as músicas, mas as revelam ao mundo, ao toque do guitarrista. Os meios, as ferramentas, o domínio dos equipamentos são as formas pelas quais conseguimos alterar os destinos e dar viradas na vida. Por isso um dever de cada um de nós, desejosos das voltas por cima, é dominarmos verdadeiramente os instrumentos e as ferramentas com as quais criamos nossas obras. Ainda que esse meio seja tão-somente o nosso próprio corpo como veículo das transformações.

Exemplo da grande virada

Ronnie Von foi ídolo da juventude nos anos 1960. Na década de 1980, ele lutou contra a polineurite (inflamação do sistema nervoso) e ficou paralítico. A doença era fatal naquela época. Ele utilizou com fé absoluta as ferramentas e os meios para dar a volta por cima da doença. Em 1999, voltou à TV e conquistou um novo espaço, o programa *Todo Seu*, com profissionalismo e uma gigantesca virada na vida.

---

31 O fluxo voluntário

"Uma vida gasta cometendo erros não é mais honrada, mas é mais útil do que uma vida gasta fazendo nada."

GEORGE BERNARD SHAW

A função da vida é viver toda a sua potencialidade.

Esse poder co-criador tem transformado a vida de cada homem e mulher que o evoca – e transformado a vida de milhões de outros, no presente e na eternidade dos tempos.

O que é marcante em todos os fatos das voltas por cima e das superações, sejam elas gigantescas ou as da pequena criança enfrentando suas realidades escolares, é a constante da fé no poder co-criador que altera a si mesmas e ao que as cerca. E o caminho da observação e foco na realidade. Realizar grande faz toda a diferença, não importa se a obra é erigir uma catedral, ou servir um café matinal. Existe o ponto de contato, a chave, a ignição.

O fluxo voluntário é aonde nos conectamos. Define em quais tomadas ligamos nossos plugues: com quem nos relacionamos, quem escolhemos para ser nossos educadores, mentores, professores. É aquilo que acessa efetivamente a fé.

Nós, seres humanos, temos os sentidos expostos ao vento, à luz, aos cheiros, aos pensamentos, aos sons, aos sabores, às cores, aos impactos visuais e às forças da realidade que existem, mas que não conseguimos ainda detectar. Não ouvimos sons inferiores ou superiores a determinados decibéis que nossa máquina auditiva não consegue decifrar. Não enxergamos cores que nossos olhos não se desenvolveram para identificar. Somos perpassados por ondas magnéticas, raios, emissões eletrônicas e não sentimos absolutamente nada. Podemos morrer sob a radiação e não acusamos nenhum impacto radioativo nos nossos sensores nevrálgicos. Um contador Geiger ao nosso lado pode registrar radioatividade sem que nós nada sintamos.

A superação caminha e ultrapassa as pegadas das realidades naturais, percebidas ou não por nós.

O acesso, o trazer o alvo dos nossos desejos para a realidade, se dá através dos nossos atos, dos fluxos voluntários que realizamos. Abrir-se para os fluxos involuntários é o começo de tudo. Estar pronto para a recepção desses "acasos" é o trabalho a ser feito neste caminho. Em outras palavras, precisamos estar prontos para a vida.

O que separa o campeão olímpico do vice-campeão é algum mínimo detalhe. A fração da fração de um segundo, quando um nadador se atira na piscina, em sincronia absoluta com o disparo da largada, nem queimando (se antecipando ao tiro), nem caindo na água naquela fração de segundo posterior ao adversário, costuma ser a diferença entre o primeiro e o segundo lugar. O acaso nos ronda o tempo todo. A diferença é estarmos prontos para ele. Preparados, planejados, organizados, treinados. Ligados!

O acaso vai fazer toda a diferença quando estivermos em sintonia, coligando nossos fluxos voluntários aos involuntários, tendo a fé na transformação criadora do universo, na visualização das possibilidades e na materialização disso tudo com as ferramentas e meios que temos aqui e agora em nossas mãos.

Exemplo de grande virada

Ana Maria Braga é uma guerreira, na história pessoal e na profissional. Assumiu o visual careca e não saiu da frente de seu programa de TV. Ela tinha 50% de chances. Escolheu a metade certa para guerrear. Curada, com cabelos novamente, foi recebida por sua equipe com camisetas que diziam: "Time da Guerreira". É a volta por cima na ligação com o fluxo voluntário.

---

32 Criar *versus* competir

"Nada é tão estúpido como a inteligência orgulhosa de si mesmo."

AUGUSTE COMTE

Nas voltas por cima, nas superações, podemos pensar erradamente no ângulo da competição. Conhecer nossos índices, as métricas e os índices do mundo que nos cerca é útil. Serve para tomar consciência do que já existe. Porém, se nos orientarmos pelo que já existe, jamais invadiremos as potencialidades do novo, dos rearranjos, das novas misturas, do surpreendente.

Por que tem pessoas que, após passar por um grave acidente, perder os movimentos, a visão ou experimentar qualquer dificuldade, se superam em tudo, transformando-se em pessoas maiores e melhores do que eram antes? E outras que, ao contrário, não suportam a provação, caem em depressão e se submetem a uma condição de eternos dependentes? A resposta está nesta pergunta simples: onde você coloca o seu olhar?

Você foca na competição com outros acidentados, falidos, ou desesperados, ou na criação de um novo ser, de uma nova síntese do que é a sua vida?

A competição, a competitividade, somente é válida como força de vigor, de tônus. Justifica-se conhecer os progressos dos outros. Adversários e concorrentes são ótimos, nos provocam para não pararmos. Mas, a meta das voltas por cima devem ser as de surpreender. Quando atuamos com a consciência da criação *versus* a da competição damos saltos superadores sensacionais. Quando transformamos a Agroceres na maior companhia de genética do cinturão tropical do planeta e na marca mais admirada e de maior valor agregado de todo *agrobusiness* brasileiro, não mirávamos na concorrência. Nosso sonho era focado em tudo o que poderíamos vir a ser. Ao lado da Rede Globo, com a fé no poder criativo e na missão ética criadora, *versus* a competidora, levamos a cabo o que é considerado o maior sucesso no *marketing* do agronegócio nacional, na criação de valor para uma marca de sementes. As decisões que nos movimentaram foram a de ampliação de limites. Força criadora. Colocamos todos os recursos na expansão. Com isso, alteramos não só a realidade da empresa, com repercussões futuras enormes para os demais acionistas e herdeiros, como mudamos a velocidade com a qual o próprio Brasil compreendeu e concebeu suas diretrizes e novas lideranças do setor. O ministro Roberto Rodrigues representou essa marca de mudança na condução de um segmento que representa cerca de 22% do PIB – Produto Interno Bruto – da nação.

A generosidade deve permear esta regra de ouro.

Você caiu? Precisa dar a volta por cima? Pense e aja criativamente. A criação é muito mais poderosa do que a competição. As realidades desconhecidas são infinitamente maiores do que aquelas já dominadas pela nossa razão. Aplicar a ética, essa é a grande "dica".

O Wal-Mart não é a evolução do bazar. A Amazon Books não é a evolução da livraria. A lâmpada não é a evolução da vela. A Agência Estado não é a evolução do jornal. As redes sociais da internet não são evoluções das entidades de classe. A educação a distância não é a evolução da sala de aula. São novos valores, novas crenças e novas ferramentas e tecnologias. Os superadores não são melhorias sobre o que já eram. São pessoas que dão saltos quânticos nas suas vidas, empresas, negócios e profissões.

Exemplo de grande virada

João Carlos Martins foi considerado o maior intérprete de Bach do século XX. Por uma série de infortúnios da vida, perdeu os movimentos das mãos. "Estava sem rumo", diz ele. Teve um sonho no qual um amigo o convidava para reger uma orquestra. Com mais de 60 anos foi estudar regência e transformou-se em um dos mais requisitados maestros do mundo. "Sempre que abandonei a vocação que Deus me deu, errei." A grande virada de João Carlos é sempre criar.

33 Tudo legal: a crença aplicada

"Fazer certo as coisas é diferente de fazer as coisas certas."

FLAVIO DE TOLEDO

Esta regra de ouro pode ser alcançada com uma simples pergunta feita por você para você mesmo. Não importa o que você esteja precisando superar. Tanto faz se essa transformação é na competição por um novo emprego, uma promoção, a conquista de um cliente, ou ouvir um sim para iniciar uma nova relação de amor.

Pergunte-se: "Se entendo que tudo o que me cerca é perfeito – a sociedade, a economia, o governo –, se aceito que tudo o que me envolve é o exemplo acabado da perfeição, se admito que tudo está certo ao meu redor, então o que eu preciso fazer para usufruir dessa perfeição?".

Essa questão elimina o mar de desculpas e de medos das imperfeições que nos cercam. Não estamos prontos para dar a volta por cima simplesmente porque sempre conseguimos ótimas razões para botar a culpa do que vivemos no mundo lá fora. Não nos aprimoramos por ter sempre ótimos fundamentos para arranjar desculpas exteriores às nossas ações.

Uma pessoa muito querida é deficiente visual. E tem um talento espetacular para a arte. Seus familiares a ajudam e vivem em torno de suas expectativas de trabalho. Ela virou praticamente a mantenedora das despesas da casa, mas é comum escutar das pessoas que a cercam – todas bem-intencionadas e boas – que o mundo não oferece oportunidades para aquele ente querido deficiente. Reclamam muito e estão sempre com o olhar nos ângulos imperfeitos e mais cruéis do que a cerca, sem perceber a realidade.

> Nos anos difíceis da minha recuperação, dona Rosa transferiu o seu quarto para o meu. Antes do sono, a cantiga de ninar, a historinha, o conto de fadas. Aquela doce vigília era o ar fresco que me permitiam mergulhar profundamente em sonhos durante o sono.

Essas imperfeições existem? É óbvio que sim. Porém de que vale nos deixar atrair e nos orquestrar com essas visões e crenças da insensibilidade humana, da ausência de solidariedade?

Quando olho para a situação, de fora, vejo enormes coisas belas acontecendo em volta daquela pessoa. E penso no quanto mais poderia ocorrer se as pessoas com quem convive apenas mudassem suas crenças. Com todos os sentimentos de medo e de negatividade já conseguem tanta coisa boa. Imagine só se atuassem com fé sem dúvidas sobre a possibilidade de todas as superações. Com certeza, as alavancas do mundo atuariam com todas as suas forças para colocar essa pessoa em locais mais altos ainda.

O processo é o de olhar em volta e ver que tudo está legal. A crença correta e legítima naquilo que nos cerca. E, então, olhar para dentro de nós e nos concentrarmos mais ainda nas respostas: "E agora que tudo o que me cerca é perfeito, o que preciso fazer, o que tenho que mudar para usufruir de toda essa perfeição?".

Tudo estava perfeito do lado de fora. Ter os sonhos certos é o que iriam fazer toda a diferença.

Exemplo da grande virada

Lars Grael foi duas vezes medalhista em olimpíadas. No dia 6 de setembro de 1998 teve uma das pernas cortadas por uma lancha desgovernada. O médico que o atendeu disse que 100 em 100 pessoas que sofrem esse tipo de acidente morrem. Superou dores, foi secretário da Juventude, Esporte e Lazer do Estado de São Paulo. Sua família, esposa e filhos foram fundamentais na sua virada, ,amparado na consistência de suas crenças.

---

34 Alinhar mente, espírito e corpo

"Uma associação humana só será fecunda se não esmagar o indivíduo, mas se, ao contrário, desenvolver sua iniciativa e energia criadoras."

MAX STIRNER

O alinhamento do nosso corpo físico com a mente e a alma é o que gera sabedoria. Ficamos congruentes.

Congruência é quando pensamos, atuamos fisicamente e com a fé espiritual do que precisa ser feito.

Ficamos incongruentes quando nossa alma diz uma coisa, nosso cérebro outra, e o corpo reage de uma terceira forma. Isso pode representar a crucificação. Emoções para um lado e razão para o outro.

Paixão é foco. Foco total nos dá o poder do raio *laser*.

O encontro das nossas vocações logo cedo é uma benção. Quando uma criança já revela seu dom da arte, do esporte, da ciência, que sensacional! Já é possível desde cedo contribuir para o aprimoramento mental, espiritual e físico daquela pessoa. De modo congruente.

Mas não importa quanto tempo possa levar. Conheço pessoas que foram descobrir esse alinhamento já após os 70 anos de idade. A mãe de uma amiga foi fazer teatro aos 70 anos e somente após ter enfrentado um câncer. Diz nunca ter sido tão feliz como agora.

Quando construímos uma equipe, no trabalho por exemplo, e essa equipe atua em harmonia, alinhada, reunindo talentos diferentes, convivendo bem com a diversidade, existindo numa orientação que conjuga todos, a satisfação é simplesmente espetacular. Realizar juntos é o maior prazer do universo.

Quando alinhamos nossa mente, corpo e alma, estamos realizando juntos, dentro de nós.

As forças das voltas por cima e das superações são possíveis a partir da eliminação das dúvidas sobre as possibilidades de êxito e do que fazemos na educação do espírito e das saúdes mentais e corporais.

A naturalidade é crescermos espiritualmente, mentalmente e usufruirmos de saúde para viver. Reequilibrar isso tudo nas superações é o que nos permite dar as voltas por cima.

Exemplo de grande virada

Pestalozzi é considerado um dos principais educadores da História. Seu pai morreu quando ele ainda era criança. Foi muito pobre. As dificuldades da infância fortaleceram sua alma. Ele diz

que superar é subordinar as exigências animais e social à vontade moral. Criou a pedagogia moderna, que nos influencia desde o século XVIII, quando viveu. Alinhou mente, espírito e corpo num objetivo altruísta.

---

35 O poder do agradecimento

"Quanto mais possibilidades criadoras o homem tiver como indivíduo, maior será a sua ansiedade potencial."

ROLLO MAY

Hoje eu sou o resultado da fé da dona Rosa, minha mãe adotiva. Lembro-me também da gratidão que ela sentia ao observar meus mínimos progressos. Essa gratidão parecia alimentar mais ainda a fé e os resultados positivos de tudo. Eu ficava muito motivado a cada agradecimento que ela fazia à vida.

Esta regra de ouro é a certeza de que o agradecimento é essencial. Vivi e senti isso na pele. Quando agradecemos, parece que atraímos as coisas boas daquele fluxo involuntário. Não sabemos muito bem de onde as coisas vêm, mas elas aparecem. Você agradece, vira a esquina e uma nova porta se abre, trazendo mais esperança.

E se estamos conscientes de todos os caminhos anteriores, eu diria que passa a ser impossível não dar a volta por cima. Alguém bate em você, o derruba. Você foi perseguido no emprego. Entrou em brigas erradas. Não soube dar a volta por cima num competidor desonesto. Não conseguiu atrair a preferência dos outros profissionais da empresa. Não importa o que aconteceu, agradeça.

Na hora pode parecer uma tolice, mas, se você estiver atuando em consonância com os fundamentos acima, com certeza, em pouco tempo você irá aproveitar os novos fluxos involuntários que virão até você.

Precisamos entender que existem ciclos que começam, se desenvolvem, declinam e acabam. Isso ocorre em tudo na natureza. Ou transformamos, ou mudamos, ou os ciclos vão ser encerrados. Alguns logo no inicio, por serem doentes, errados, falsos. Outros levando mais tempo. Mas fique atento para os sinais da realidade.

Agradeça sempre. Digo isso com a consciência de quem talvez tenha jogado fora enormes oportunidades, por julgá-las de antemão. Eu não queria muita coisa que estava acontecendo comigo, mas, passado um tempo, vi o quanto maravilhoso aquilo era.

Levamos tempo para admitir e reconhecer todos esses caminhos do segredo da superação. Eles nos cobram suores, incômodos, desânimos. Por isso muita gente não consegue dar a volta por cima. Não é porque não podem. Não conseguem porque desistem. E acabam desistindo quando já estavam prontinhas para conseguir. Param aos 43 minutos do segundo tempo sem perceber que o gol estava para sair naqueles dois últimos minutos do jogo.

Não acreditam e desistem antes. É exatamente nos últimos minutos do jogo, nos últimos metros da corrida, nas últimas páginas do livro, que precisamos recobrar toda nossa força. Na corrida de superação, ganham aqueles que têm nos últimos 100 metros o mesmo prazer da explosão das largadas.

O agradecimento permanente, essa fé ao agradecer, nos obriga a ver o que podemos passar a fazer com os fatos. Liga-nos aos fluxos voluntários e nos atrai ao involuntário da coragem e da criação.

Agradeça, com fé, que a superação aparece. O agradecimento nos leva de volta à fonte, à nascente do rio. Põe-nos em harmonia com a origem de própria vida.

Exemplo de grande virada

Norman Borlaug recebeu o Prêmio Nobel da Paz em 1970. É o agrônomo responsável pela revolução verde, que alimenta o mundo até hoje. Nasceu pobre, de família que fugiu da fome na crise agrícola da Europa. Estudou e dedicou sua vida ao combate da fome e sempre perseguiu a humanidade. "Dar sempre o melhor daquilo que Deus lhe deu é o que Norman aprendeu com seu avô, a quem agradece por tudo o que realiza. Reconhecer e agradecer são o segredo da sua grande virada.

---

36 O poder da liderança

"O poder da liderança – o foco nas escolhas. A evolução é a ascensão da consciência."

TEILHARD DE CHARDIN

O mais é menos. As regras de ouro funcionarão nos desafios das nossas vidas, se soubermos usar adequadamente esta, de número 36.

Liderar, neste caso, é atuar sobre a complexidade. Significa lapidar, tirar os excessos. Priorizar dentro da realidade. Liderar significa não confundir sonhos com ilusões. Representa fazer o que precisa ser feito, não o que você gostaria que fosse feito.

A liderança envolve também equilibrar os poderes sistêmicos. Gostar dos processos, dos passos e procedimentos.

Para dar as voltas por cima em nossa vida, precisamos nascer de novo. E isso é o que entendo por descobrir o líder que temos dentro de nós. Criamos líderes dentro de nós mesmos ao nascer novamente.

A grandeza, a harmonia, a riqueza, a saúde. Isso tudo envolve um sistema. Dirigir esses princípios passa pela autoliderança.

Vejo muitas pessoas malsucedidas, por ausência de liderança. Ou por lideranças erradas. São jovens que se submetem aos erros de valores dos seus pais, por exemplo.

As influências equivocadas da liderança afetam suas vidas por muito tempo e, às vezes, desperdiçam um tempo tão valioso como esse na Terra. Outras pessoas estacionam perante o obstáculo e ficam batendo com a cabeça na parede. Batem tanto que no final se arrebentam.

O ideal é contornar a parede, ou às vezes se afastar dela. Buscar a ajuda de algumas alavancas para tirá-la do caminho, ou abrir passagem nova ao lado do obstáculo.

Muitas pessoas acabam também sendo usadas por outras. Isso é muito comum nas doenças e tragédias. Por ter um filho excepcional, os pais fazem desse filho a desculpa para parar de viver. Ou, pior ainda, acabam usando esse filho para obter piedade, favores e até pensões financeiras.

Os caminhos dos segredos para as superações precisam estar sob um comando, uma liderança. Até os 18 anos recebi totalmente a influência da liderança dos meus pais adotivos, meus tios e muito fortemente da minha mãe adotiva.

Quando somos pequenos, ficamos muito dependentes de que essas forças sejam orquestradas para nós. Mas depois que assumimos o leme das nossas vidas, podemos enobrecer nossas virtudes e passar a tratar qualquer problema, obstáculo ou situação difícil, encarando-os como oportunidades para crescer.

Quero muito alertar você, leitora e leitor, que é na zona de conforto, naquela sensação ilusória de bem-estar, que mais reside a necessidade de parar para pensar, alterar, mudar e dar voltas por cima.

O foco, o que você escolhe e seleciona tanto dos fluxos involuntários como voluntários, é o que define a qualidade e a competência da sua liderança para dar a volta por cima.

Da próxima regra de ouro, a de número 37, até a de número 47, gostaria de deixar algo voltado às nossas crianças. "Superadores" começam cedo. São os valores. É mais do que educação, é conscientização. Alguém muito educado mas sem virtudes é desagradável. Espero que você olhe para toda criança com quem for conviver e pense em cada uma das próximas onze regras de ouro.

Exemplo de grande virada

Glaucia Nasser era executiva, empresária e produtora rural. Mas alguma coisa faltava: atender à vocação musical. Com cerca de 40 anos, decide liderar uma nova carreira na arte. Grava 3 CDs e passa a ocupar importantes espaços na MPB. Nelson Mota, reconhecido crítico musical, escreveu sobre Glaucia: "Ela trocou os negócios pela música e teve uma ótima estréia. Agora revela personalidade de compositora, com músicas à doçura, e com marcas das velhas queixas femininas". Liderar todas as circunstâncias de um novo desafio é o talento da sua virada.

A GRANDE VIRADA PARA CRIANÇAS

"A palavra progresso não terá nenhum sentido enquanto houver crianças infelizes."

ALBERT EINSTEIN

37 Identifique o lado forte da criança

"Nunca abaixe a cabeça. Mantenha-a no alto, olhe o mundo diretamente no olho."

HELEN KELLER

Identifique o lado forte da criança e o seu talento nato. Em qual virtude e habilidade reside o aspecto da sua diferenciação? No que ela revela, desde cedo, aspectos únicos e especiais do seu ser? Para o que aquela criança tem vocações natas?

38 Observe se a criança tem capacidades naturais de empatia e vigor

"Podem até maltratar meu coração, mas meu espírito ninguém vai conseguir quebrar."

RENATO RUSSO

Empatia é o talento de colocar-se no lugar dos outros. Sentir o mundo pelos sentimentos alheios. E vigor é a força do seu tônus competitivo. A vontade de realizar, de vencer, de conquistar. Desenvolver empatia e vigor desde cedo amplia a chance de sucesso em qualquer campo da vida, posteriormente.

Observe se a criança pega dos outros e não sabe compartilhar, ou se, ao contrário, deixa que todos tirem os "doces" das suas mãos. Veja se é competitiva ou se não liga para os resultados. Exageros não são necessários, mas deficiências, em ambos os casos, devem ser tratadas desde cedo.

39 Conscientize a criança, desde cedo, sobre os aspectos prazerosos da vida

"As mentes são como pára-quedas: só funcionam se estiverem abertas."

RUTH NOLLER

Valorize o lazer, a alegria e o bom humor. Revele também como enfrentar com tranqüilidade a tristeza e os infortúnios. Ajude-a a tratar com naturalidade os ângulos opostos da vida e a ver que a compreensão disso serve para que ela não cresça com medo e nem iludida pela proteção exagerada.

Permita que a criança, desde pequena, enfrente e resolva os seus pequenos embates infantis com amiguinhos na escola. Que exercite sempre a capacidade de ser dona do próprio destino.

40 Escolha uma escola eficaz para a sua criança

"Tudo o que é feito no presente afeta o futuro por conseqüência, e o passado por redenção."

PAULO COELHO

Nada até hoje é mais poderoso do que a alfabetização. Os conhecimentos básicos são os terrenos férteis para todo o resto. Opte pela escola em que a disciplina seja moderna, porém firme. E jamais desautorize a professora, a diretora da escola, ou um funcionário, na frente da criança, principalmente sem ter certeza do que está ocorrendo com seu filho.

As crianças precisam desenvolver o talento de aprender a lidar com pessoas diferentes e saber que o mundo não nasceu exclusivamente para elas, mas que foram elas que nasceram para o mundo.

41 Exponha a criança à arte, ao esporte e à ciência

"É impossível a um ser humano renunciar a uma fonte de prazer, uma vez descoberta".

SIGMUND FREUD

Leia histórias diariamente para ela, de preferência antes de ela dormir. Ofereça livros e a motive à leitura permanente. Coloque-a para fazer teatro. A arte teatral estudada e séria cria as condições interiores que amplificam os talentos da pessoa na juventude e na fase adulta.

Uma criança naturalmente agressiva deve ser canalizada para esportes saudáveis e aprender desde cedo a ética nas competições. Não tema a tecnologia, a internet, apenas provoque a criança para descobrir o que está por trás de tudo isso. Não é o filme do momento, mas seu autor, que faz a diferença. Não é o *game*, mas o criador dos *games* que importa.

42 Ensine seus filhos sobre a importância dos relacionamentos

"Não é nossa condição social, mas a qualidade de nossa alma que nos torna felizes."

VOLTAIRE

Toda a comunidade que envolve seus filhos participa da formação deles. Portanto, tanto seu vizinho é mentor da sua criança, como também amigos e parentes. Seus filhos serão o resultado da qualidade dos relacionamentos que tiveram durante a infância. Ensine seus filhos a prestarem atenção e a olharem para pessoas trabalhadoras, honestas, íntegras, admiráveis da sua rua, do seu bairro. Pessoas que eles possam ver e tocar. Pessoas de todos os níveis e segmentos sociais. O dono do posto de gasolina, o frentista que atende muito bem, o pedreiro da obra, o vizinho arquiteto. Ensine-o a ver o ângulo do mundo do bem. Isso fará com que ele se acostume à idéia de procurar fontes certas de referências ao longo de toda a sua vida.

Não se esqueça, Machado de Assis diz: "A arte de viver consiste em tirar o maior bem do maior mal".

Nos enfrentamentos das superações, essas escolhas serão os grandes diferenciais de sucesso.

43 Ensine seus filhos sobre o mal, sobre os caminhos da involução

"A nova geração não lamenta tanto os crimes dos perversos quanto o estarrecedor silêncio dos bondosos."

MARTIN LUTHER KING

Fale das drogas, do crime, do roubo. Leve-os para conhecer a cadeia. Mostre a eles que a preguiça é uma doença implacável e que a ilusão não é sonho. Ilusão é o engano dos sentidos, e o sonho um desejo veemente.

Não crie nas crianças preconceitos ou discriminações. Apenas ensine-os a conhecer os diversos ângulos do mundo desde cedo, o preço que pagamos por nossas escolhas e decisões!

44 Desenvolva nas suas crianças a capacidade de amar e de receber amor

"Criança prodígio é aquela cujos pais são dotados de muita imaginação."

JEAN COCTEAU

Faça com que percam qualquer medo de apaixonar-se. E ensine-os também a se "desapaixonar". Faça-os compreender que sozinhos nada conseguirão e que o segredo do mundo é o de atuar em equipe, criar equipes e realizar juntos. Prepare-os para serem líderes. Mostre que a coragem é decisiva na vida e nas voltas por cima. E prepare-os para escolher cuidadosamente as lutas que devem travar e lutá-las com a emoção, a razão e o espírito. Totalmente congruentes.

Ensine a eles que existem brigas que precisarão enfrentar e que somente eles poderão fazê-lo, pois são decisivas em sua vida. Mas que muitas outras brigas, 90% delas, são totalmente inúteis e desnecessárias e devem ser evitadas.

45 Não esconda de seus filhos a finitude da vida

"Uma verdade dita com má intenção é pior do que todas as mentiras que se pode inventar."

O AUTOR

Ou seja, nossa vida é rápida e será valorosa se formos intensos a cada segundo. Mas a vida na Terra é apenas uma passagem de aprendizados e de crescimento.

Meu pai logo cedo mostrou-me o desenlace dos animais e das pessoas como um processo normal. Lembro-me das lágrimas nos olhos quando ele lia *Bambi* para mim, e falava da hora em que o pai do Bambi seguia para o alto da colina, onde ia viver seus últimos dias, e cabia ao jovem Bambi seguir adiante, tocar em frente. Esse aprendizado sempre me foi de enorme valia, mais tarde, como executivo, nas grandes negociações e nos cargos de liderança que assumi. A consciência da finitude coloca a sabedoria e o tempo a nosso serviço.

46 Não crie suas crianças para você

"Revelar a arte e ocultar o artista,
eis a finalidade da arte."
OSCAR WILDE

Crie-as para o mundo, para a vida real e para a dignidade dos fundamentos evolutivos. Desenvolva-as no amor, na intelectualidade, na racionalidade, na espiritualidade e faça-as admirar tudo aquilo que as provoca, mesmo que a provocação possa parecer desagradável. Seres humanos nascem naturalmente. Gente do bem é criada, forjada ao longo da vida.

47 Faça com que seus filhos não temam a realidade

"Felicidade não está em fazer aquilo que a gente quer,
e sim em querer o que a gente faz."
JEAN PAUL SARTRE

Não os esconda do mundo, nem esconda o mundo deles. Não deixe seus filhos sozinhos, aprendendo tudo por si sós. Eles podem perder a boa-fé, se o acaso não conseguir protegê-los. Ajude-os a aprender a viver, garantindo-lhes que ao lado deles estará sempre a sua mão para ajudá-los a se levantar nos tropeços da vida.

Ensine-os a fazer as escolhas certas. A tomar decisões.

A ira, a cobiça, o medo, a covardia, a inveja, a mentira, a traição, o parasitismo, o engano fazem parte da vida real, assim como todas as virtudes. Mostre às suas crianças que a grande esperteza é ser virtuoso. Que a grande arte é ser ético. Que a riqueza sem a qualidade dos valores transforma-se inevitavelmente num barril de veneno. Ensine-os a serem muitos dentro de si mesmos. Essa potencialidade é o melhor antídoto contra as frustrações e as quedas normais da vida.

A GRANDE VIRADA FINAL

Com as três últimas regras de ouro vamos finalizar a missão deste livro. O mundo muda e nós podemos mudar. Agora é a qualidade das escolhas e das decisões que fará toda a diferença a respeito do rumo, do destino da felicidade, acima de tudo.

48 Enxergue-se de fora para dentro

"Quando alguém tem motivos de queixa de um amigo,
deve separar-se dele gradualmente.
Antes desatar do que romper os laços de amizade."

PLATÃO

No teatro, o ator precisa sempre tomar conta do personagem. Cabe ao ator viver os papéis cênicos com verdade e fé, estar sempre no controle do enredo, da trama. Isso é muito importante pois improvisações podem ser necessárias, e mesmo no palco, situações imprevistas acontecem.

Imagine então, no palco da vida real, onde não estamos sob o domínio de um diretor central, de um texto conhecido, das luzes que acendem e apagam nas horas combinadas, como é importante podermos sair de dentro de nós mesmos e nos acharmos como atores e atrizes nos mais diversos palcos da vida.

Quando nos arrumamos para um casamento compramos uma roupa nova, nos preparamos para o espetáculo da cerimônia. Nesse dia, estão no palco social as nossas personagens: o noivo, a noiva, os padrinhos, os convidados e o padre. Até as menininhas viram daminhas!

Há uma representação de uma cena da vida social, em que cada personagem cumpre seu papel conforme as convenções sociais. Dessa forma, vivemos interpretando múltiplos papéis na vida. Desde que não tenhamos a falsa idéia de que atuar no palco da vida seja fazer de conta e de que interpretar é ser falso, nos aproximamos de uma regra valiosa da arte da superação:

> APRENDA A SAIR DE SI MESMO, A COLOCAR SEUS EGOS NUM CABIDE E VER-SE DE FORA PARA DENTRO. IMAGINE QUE VOCÊ É O SEU DIRETOR. O QUE NOS PAPÉIS DA VIDA VOCÊ PRECISA DESENVOLVER PARA TER A *PERFORMANCE* CERTA EM DIFERENTES SITUAÇÕES?

O que é ser você mesmo? É comandar os seus diferentes papéis na vida rumo a tirar o maior bem do maior mal que for enfrentar, ou dos desafios de estar vivo!

49 Só existem duas formas de viver

"Ser é, antes de mais nada, fazer-se e encontrar-se."
TEILHARD DE CHARDIN

É necessário decidir cedo qual é a forma de vida que você escolhe. E só existem dois jeitos. E só há uma decisão certa. Ou você opta por dedicar-se de corpo e alma a tirar o maior bem do maior mal que enfrentar, ou você fará parte do time que tira o maior mal do bem disponível.

Não existe meio termo. Isso é sentido, significado, razão de viver. É o que fica depois das suas obras, do seu dinheiro, bens, patrimônio, poder, heranças.

O que você mudou no mundo? O que você transformou, e ao que você serviu?

O sentido da vida, a causa a qual servimos faz toda a diferença na natural arte de superar o tempo o tempo todo.

Pessoas dizem, o que importa é o presente. Sim, porém indo para onde? Rumando para a luz, ou para um buraco negro abissal?

Qual a direção? Se o ponto no infinito que nos guia é a inevitabilidade evolutiva, glória, vitória e sucesso – não importa se servindo café num bar ou como presidente da república, ou diretor da maior multinacional do mundo –, cada grão de areia coletado, cada concha de água movimentada será contada ao final de todas as contas!

Porém, se ao colocarmos todo nosso talento, brilho e vida presente à serviço do mal, do não virtuoso, viveremos sensações ilusórias de sucesso, de fama, prestígio e riqueza, mas com o eterno sabor amargo da angústia, da insegurança e de um grande temor.

A escolha que decide a superação de todas as superações é a grande decisão. E ela chega em duas alternativas. Somente dois caminhos, somente duas formas.

A primeira é libertadora, de felicidade, paz e sentido. A primeira dá oportunidade a todo ser de crescer e de vir a ser muito humano. A primeira é a magia de igualar ricos, poderosos, simples e humildes, sentenciados e policiais, pessoas do mundo na transformação criativa de "tirar o maior bem do maior mal".

A segunda opção separa, exclui e não permite, jamais, o sucesso. Pois sucesso de verdade é sempre aquele que supera o tempo. Supera o seu tempo. Supera todo o tempo.

Se você chegou até aqui, querida leitora, amigo leitor, eu sei, você sabe que já decidiu.

Estaremos juntos no mesmo ponto infinito, viajando cada um de nós pela liberdade das nossas próprias linhas e vias paralelas.

Chegamos lá, encarando o mundo e tocando em frente, sem parar!

50 Você sabe pedir ajuda?

"Economia e técnica só têm sentido em função do homem, ao qual devem servir. E o homem e a mulher só são verdadeiros se forem senhores de suas ações e juízes dos valores de suas ações.

Mulheres e homens verdadeiros são os autores do seu progresso, em conformidade com a natureza que lhes foi dada pelo criador, cujas possibilidades e exigências eles aceitam livremente.

Apenas com o esforço da inteligência e da vontade pode cada pessoa crescer em humanidade, valer mais, ser mais."

FLAVIO DE TOLEDO

Esta regra de ouro talvez seja a mais humilde de todas. Mas a que exige a maior de todas as forças para ser evolutivamente utilizada. Todas as outras 49 regras de ouro não serão possíveis, ou não serão poderosas e eficazes o suficiente, se não aprendermos a saber pedir ajuda.

Não somos nada sós. Ninguém supera sozinho. O mundo mudou. E nós não somos mais os mesmos, a cada dia. Superação é uma "super" "ação" com uma nova decisão: juntos.

Escolha dez regras de ouro. As dez que fazem a diferença na sua vida agora. Misture-as, mude. Elas serão importantes e infinitas ao longo do exercício brilhante de sua vida.

Quem não sabe pedir ajuda, dança. Quem só vive de ajuda, cansa!

Muitas pessoas amargam infelicidades e infortúnios por não terem o bom senso e a justa humildade de pedir ajuda. Como besouros batendo contra as vidraças, guardam suas angústias, não revelam suas preocupações, não sabem pedir o que precisam. Ao ficar embutidas dentro de si mesmas, como conchas fechadas, como ostras socadas nas rochas, são como pedras que rolam. A pele engrossa, os calos enrijecem e ficam ainda mais fechadas, até o dia em que a ruptura é final e fatal. Implodem emocional e espiritualmente. Antes disso, se aniquilam materialmente, cultivam doenças e promovem a dor por onde passam. A dor surda do silêncio. O grito calado escondido atrás da porta. Porta da própria vida.

Ninguém supera nada sozinho. Ninguém progride sozinho. Ninguém resolve nenhum problema só. Precisamos de ajuda. Saber pedir ajuda é nobre, digno e demonstrativo do abandono dos falsos orgulhos, das superfícies frágeis do ego que tanto lutamos para manter belo na aparência. Saiba pedir ajuda, mas aprenda a não viver só de ajuda!

Quem, ao contrário, só vive de ajuda, suga a seiva da vida que o cerca, parasita as energias da natureza, se transforma num dependente da eternidade, sempre presente, sem tempo de passado ou futuro. Dependente é, e sempre será. Só viver de ajuda é uma doença tenebrosa, pois significa cegar para a vida, representa negar sua missão, seu sentido e seu significado.

Só viver de ajuda é um vício que pode nascer cedo e se desenvolver com altas doses de sofisticação. As dependências infinitas da casa dos pais, o cordão umbilical ao dinheiro e bens materiais de provedores externos, o consumo de energias espirituais de amigos, conhecidos, parentes. O crime. A esperança depositada nos milagres, a incapacidade de assumir a própria vida e a condução do seu destino. Mais grave ainda é essa epidemia do só saber viver de ajuda quando utiliza inocentes para esse serviço, envolvendo outros seres humanos. Triste é o nascimento de filhos que já vêm encomendados por pais irresponsáveis, ou são até adotados, para virarem instrumentos de manipulações parasitárias. O maior medo do mundo não é o da morte, é o da vida.

Por outro lado, poder pedir ajuda é um direito sagrado da humanidade. Quando um filho seu está perdido, quando uma filha sua diagnostica uma doença com risco de vida, quando um ser amado sofre um grave acidente, o que fazemos? Corremos à procura de ajuda. Buscamos de tudo e pedimos a todos. Minha mãe fez todas as promessas que podia ter feito, procurou todos os lugares que podia procurar, passou por todos os templos, igrejas e centros espíritas que podia ir, falou e pediu para qualquer um e para todos, para lutar pela minha vida e recuperação. A fé, o pé na estrada e a eliminação da vergonha de pedir ajuda para mim, me fez e me deu vida e a possibilidade de agradecer pela imensa ajuda recebida. Saiba pedir ajuda, mas aprenda a não viver só de ajuda!

Quem não pede ajuda dança, quem só vive de ajuda cansa!

Vejo muita gente com dramas imensos, grandes lutadores interiores, mas que sofrem sozinhos por se tratar de problemas que estão conectados à sua auto-estima, a preconceitos sociais, a situações que poderiam "envergonhar" a moral e a imagem de si mesmos ou da família. Empresários que não pedem ajuda na hora certa e levam seus negócios à falência. Pessoas que não clamam e nem chamam por amor e terminam por suicidar-se. Pais e mães que escondem realidades dos filhos para poupar uma vergonha social e que, no fim, alimentam ainda mais a dimensão dos seus males.

Não podemos gritar para o mundo por qualquer dor, ou percepção de dor. Quem só vive de ajuda, cansa. Ninguém agüenta. É vício. É modelo de vida, é a legítima pobreza.

Mas quem não sabe pedir ajuda dança. Dança só, num baile de deprimidos cujo fim nunca é solitário, pois termina carregando para as vagas da infelicidade todos que o cercam.

Os afogados são os menos capacitados a se ajudar. Costumam levar consigo para o fundo do mar os que tentam salvá-los.

Grite, chame, peça ajuda. É justo, quando há vidas em jogo.

Existe sempre um anjo salva-vidas de plantão em cada esquina do planeta. Peça ajuda, ele aparecerá se a sua causa for justa.

Saiba pedir ajuda, mas aprenda a não viver só de ajuda!

Se for possível, ajude mais que é ajudado.

9 De volta para casa

Purestockx

"Conquistei o mundo, mas volto de mãos vazias."

ALEXANDRE, O GRANDE

Quem sabe existe uma regra diamante para a superação de todas as superações? Talvez essa regra seja a do regresso. O retorno para a velha casa. O amálgama dos elos perdidos de nós mesmos. Ou o resgate das nossas nascentes.

O que fazemos depois de uma vida vivida, sentida, batalhada?

Muitos de nós quer voltar para suas cidades de origem, quer retomar os seus bairros de infância. Desejamos ficar olhando para a mesma paisagem que nos embalava na infância, como se pudéssemos eternizá-la dentro de nós, e, ao fixá-la, nos eternizarmos juntos.

Normalmente realizamos isso com o passar do ciclo de toda uma vida. Alexandre, o Grande, morreu alguns quilômetros antes de retornar a Atenas, à sua casa. O conquistador de um império não resistiu à pequena distância que o separava da volta pra casa.

Antes de morrer pediu aos seus generais que no seu cortejo fúnebre deixassem suas mãos à mostra. Intrigados os generais perguntaram o porquê disso. E Alexandre disse: "Para que todos vejam que conquistei o mundo, mas volto de mãos vazias". Com essas palavras, ele queria dizer que mesmo conquistas enormes pouco sentido farão, ou nenhum significado terão, para aquele que as obteve se não for possível voltar antes para casa. O que isso quer dizer? Compreender a vida. Recolher-se para assinar o diploma do próprio aprendizado.

O tempo não passa enquanto a alma não se acalma

A volta pra casa é contar os segundos em outro compasso. É deixar o tempo passar livre... é viajar nas partículas "higgs", que constituem o universo conhecido. É a hora da verdade.

É acalmar a alma. A volta.

Um menino vivia pobre na sua infância. Seu nome era André.

Andrezinho, como o chamavam no interior de Pernambuco, no Brasil. Ele era filho de mãe solteira. A mãe trabalhava na roça e mal conseguia ter o que comer. André era uma criança muito bonita. Resultado de algum cruzamento com um estrangeiro viajante. O menino tinha olhos azuis, era lourinho, e ao mesmo tempo possuía uma pele morena, cabelos lisos. Um verdadeiro pequeno príncipe do sertão agreste. André já um pouco crescidinho ia vender pequi nas feiras da cidade e nas esquinas. Com o pequi, o arroz fica amarelinho, gostoso e muito mais nutritivo. Uma vez ele achou uma velha bola rasgada de capotão, que eram as bolas de futebol de antigamente. De couro e costuradas sobre uma câmara de ar. Da câmara nada existia. Do couro umas partes. André pegou esse resto de bola, levou pra casa. Recheou a bola com pedaços de pano velho. Criou uma verdadeira bola de retalhos. Pediu para sua mãe costurar com agulha e barbante e criou a sua bola de futebol. Ela não pulava. Era murchona. Batia no chão e ficava. Mas era perfeita para os chutes. Nem poderíamos chamar aquilo de bola, pois era amorfa, ou seja, assimilava a forma do momento, achatava, espichava, alongava...

Como era de um couro velho e descascado, quando a "bola" do André passava pelo mato saía cheia de carrapicho. Era preciso parar o jogo e tirar os grudentos espinhos pegajosos dessa planta vira-lata. Por causa disso, a molecada toda chamava a bola do André de carrapicho e não de bola. Aquele ser inanimado ganhou uma personalidade: "pega lá o carrapicho pra gente jogar, André!", diziam os meninos na rua. E, enquanto de difícil ia a vida, do arroz com pequi, ou muitas vezes só de farinha com algum pequi catado, André flutuava na felicidade das risadas com a molecadinha da sua infância, chutando a "bola", ou melhor, o carrapicho daqui pra lá e de lá pra cá, bem lá, quase na divisa do agreste com a caatinga, no sertão de Pernambuco.

Mas, como o acaso apronta das suas, um dia estavam os garotos chutando o carrapicho do lado de um grupo de pesquisadores estrangeiros, uns agrônomos que foram estudar a produção rural em terras de baixa fertilidade, e o dr. Carter, que era o presidente de uma grande companhia multinacional, viu o André e imediatamente ficou apaixonado pela criança. Dr. Carter, casado com a sra. Marilyn, ambos com mais de 60 anos, sem filhos. Muito ricos. Moravam nos Estados Unidos. Dr. Carter perguntou daquela criança, o loirinho de pele morena e olhos azuis, o maior chutador da bola que não saltava! Descobriu a grande dificuldade com que vivia ao lado da mãe solteira, com mais seis irmãos, todos de pais desconhecidos. Dona Zilda, a Zilda solteira, mãe do "carrapicho", que já tinha virado bola e agora assumia a personalidade do seu invento, o André da Zilda, do carrapicho. Um empregado do dr. Carter soube onde morava o menino e foi falar com a mãe. E disse: "Dona Zilda, o seu filho é um garoto que pode vir a ser um grande homem. Estudar nos Estados Unidos e ser até o herdeiro de uma grande fortuna". "Como?", perguntou a mãe do André e de mais seis sem pai.

"Dr. Carter é o dono e presidente de uma das maiores companhias do mundo. Nós estamos aqui numa viagem de estudos. Ele viu seu filho e alguma coisa aconteceu. Ele teima por que teima de levar o Andrezinho, e dar tudo para ele, transformá-lo no único herdeiro de todo o seu patrimônio. E, se a senhora concordar, ele irá mandar uma pensão todo mês para livrá-la da miséria ao lado das suas outras seis crianças."

"Mas como? O meu Andrezinho? E como posso saber se eles irão amá-lo?" "Pode perguntar para o nosso prefeito que conhece o homem. A vida dele vai mudar e a da senhora também. Não seja boba, faça o melhor para todos, se realmente os ama", disse o empregado. Dona Zilda, pressionada pela realidade, aceitou. Passou um documento de tutoria para o dr. Carter, que mais tarde se transformaria numa adoção.

Dona Zilda chamou o Andrezinho, que veio carregando a sua carrapicho, e explicou o que ia acontecer. O menino tinha 6 anos, ia fazer 7. Compreendeu calado.

No dia da partida com uma pequena sacola nas mãos, Andrezinho entrou no carro do dr. Carter, que o recebia sorridente e muito feliz, com um lindo presente, uma mala cheia de roupas novas e uma bela e linda bola de futebol. Cheia, pulava. Como era espetacular a sua nova bola oficial, viva de cores. Andrezinho, antes de subir no carro, despediu-se dos amigos e da mãe, que segurava a dor no seu peito para ajudar na partida daquele pequeno filho. As lágrimas da dona Zilda ficaram retidas e eram transformadas na esperança e na certeza de dar uma vida muito melhor para ele e para os seus irmãos. Antes de partir, Andrezinho lembrou-se da carrapicho.

Entrou na casa e pegou aquela "bola", que parecia um saco redondo deformado. Veio com a carrapicho e a deu ao seu melhor amigo, o Jonas. Os carros partiram, o combinado foi realizado. Todo mês dona Zilda recebia uma boa pensão com a qual criou os seis filhos. E Andrezinho foi para os Estados Unidos. Estudou nas melhores escolas, criou amigos novos. Aprendeu a falar inglês e mais três línguas. Foi um dos melhores alunos da Universidade de Harvard. Aprendeu a comandar grandes corporações com o seu pai: dr. Carter. Foi muito amado pela sra. Marilyn. Ainda jovem, quando completou 25 anos, faleceram quase que ao mesmo tempo os seus pais adotivos. André assumiu todo o império da família. Sua vida seguiu. Determinado e concentrado, André conquistou patrimônios maiores ainda. Transformou-se em um dos maiores capitalistas do mundo. Não se recordava de quase nada da sua infância. As imagens foram apagadas e nunca voltou para ver sua mãe nem os irmãos. André tinha deletado o passado. Na forte luta competitiva, André guerreou nas batalhas dos negócios, atuou na indústria química, e fez o que a realidade exigia que fosse feito para crescer. Dedicou-se totalmente à competição comercial. Teve várias mulheres, mas com todas foi infeliz. Não teve filhos.

Construiu um gigantesco império e um verdadeiro castelo residencial, onde vivia cercado por empregados e admiradores que o bajulavam freqüentemente. André não guardava mais nada do sertão de Pernambuco. Era duro, rude, mas somente nos negócios.

Com a idade foi definhando fisicamente até que descobriu ter um câncer terminal. Muito rico, mas sem o *glamour* da saúde e das grandes festas, vivia sozinho na imensa mansão no meio de uma gigantesca área verde num dos bairros mais luxuosos de São Francisco.

Nos seus últimos dias, internado e tratado na própria casa por enfermeiros e médicos que montaram uma UTI na sua mansão, André já não falava, não ouvia, e tinha o olhar largado no horizonte. Parecia conversar com Deus. André estava de volta para casa. Um dos seus últimos pedidos foi uma bola de couro. Aquelas à moda antiga. De capotão. Elas não existiam mais no mercado, mas seus funcionários encomendaram uma feita à mão numa indústria que processava couro. Todos estranharam o pedido. Uma bola de couro, costurada à mão e recheada com retalhos de panos. Ele queria o afago do couro fofo, o tato da bola de infância. Passava dias e noites com a bola ao lado. Nada mais falava. Nada pedia. Nos seus últimos instantes de vida, segurando a sua bola de couro velha e murcha, balbuciou uma única expressão: Carrapicho.

As duas enfermeiras que o assistiam, pressentindo o seu desenlace, aproximaram-se dele e ainda puderam ouvir, calmamente: Carrapicho. O André falecia aos 83 anos de idade. Muito rico e pronunciando como última palavra da sua existência um nome estranho para os americanos, que não significava nada em inglês e que as pessoas conseguiram apenas guardar o jeito de pronunciar: carrapicho.

O que teria dito um dos homens mais ricos do mundo no último minuto da sua vida? Chamaram um intérprete de português, e quando as enfermeiras pronunciaram ao jeito delas o nome "carrapicho", por ser tão único e popular no nosso país, o intérprete imediatamente disse: "É carrapicho!". E o que é isso, perguntaram os jornalistas e executivos? "Isso é uma erva-daninha comum, que solta umas bolinhas que grudam na roupa quando andamos no mato no Brasil." "Não é possível", pensaram todos. Isso é algum nome sigiloso de uma senha bancária, são minas de ouro ocultas. O nome fantasia de um grande caso amoroso. Um código de algum cofre ou conta secreta. O que é "carrapicho"?

O menino Andrezinho, que foi transformado num magnata, dono de riquezas e de muito poder, ao morrer, na sua "volta para casa", apenas uma coisa carregava com ele. Abraçado, reencantado e reanimado, partia para as transformações da vida, beijando a sua carrapicho.

Como pode alguém trocar diamantes e ouro por uma amorfa bola de couro envelhecido recheada de retalhos, de estopa? O que significa "carrapicho"?

É o que ocorre com todos nós. Na volta pra casa, pegamos nos braços e beijamos a essência com a alma. O miolinho do sentido único da experiência humana. "Carrapicho."

A regra do diamante na superação é a consciência do "voltar para casa". Um segredo fundamental é o de termos coragem para nos encolher dentro de nós, humildes e calmos, muitas e muitas vezes. Aprendermos a voltar para casa tantas vezes quantas forem necessárias. Muitas.

Não precisamos esperar pela inevitabilidade dos regressos, para que somente pela força da própria natureza façamos isso.

O grande poder é o de dar as voltas por cima de nós mesmos em ciclos curtos.

"Tejon, você está dizendo que deveríamos parar na nossa bola de couro velha e amassada, nos 'carrapichos' da vida, que isso é felicidade?" Não, nunca. Parar jamais. Seguir adiante sempre.

O futuro vem montado no futuro e nunca embaixo do passado.

A felicidade é criar, ao longo da nossa jornada, diversos, muitos e muitos "carrapichos". O que "carrapicho" significava para o poderoso André? Representava o poder dos poderes, o supremo do supremo: o vigor de sua vida infantil, a pureza do espírito, o amor desinteressado dos seus iguais, o beijo sofrido de sua mãe solteira. A felicidade do começo. O amor!

Podemos fazer isso com tudo na vida? Sim, você pode.

Como?

A resposta, agora, é só sua. Daqui pra frente, eu gostaria que você fizesse a "volta pra casa", para essa casa interior, aconchegante, segura, protegida. A sua vida. Sua nascente. A sua consciência.

"Carrapichos" não são apenas coisas que fazemos quando não temos recursos. "Carrapichos" representa darmos vida à mais espetacular de todas as definições que já vi sobre viver, superar, ter sentidos e significados na vida: a do brasileiro Machado de Assis, um homem que desafiou múltiplos "carrapichos" ao longo da vida e que deve nos inspirar a todo momento.

> A ARTE DE VIVER CONSISTE EM TIRAR O MAIOR BEM DO MAIOR MAL.

Os "carrapichos" inesquecíveis da nossa alma são *a grande virada*!

10 Agora é com você

Alexei Efanov

"Um tolo que nos diz palavras não se distingue de um sábio que se cala."

MOLIÈRE

Ao finalizar este livro, desejo que esta leitura tenha ampliado ainda mais dentro de você a capacidade e a vontade das suas *grandes viradas*.

Talvez o método aqui exposto não seja o mais veloz. Mas não sei realmente se existem fórmulas mais rápidas ou mais lentas de buscar a superação.

Outro dia, eu estava andando de bicicleta no parque. À minha frente estava uma família, também de bicicleta – um casal e um menino.

O garoto se desequilibrou e caiu. A minha primeira observação foi para ver qual seria a reação da criança – eu torcia para que ela fizesse qualquer coisa, menos ficar inerte, parada, prostrada no chão.

Então, assim que caiu, que bateu no chão, o garoto começou a chorar, mas já foi se levantando. Ufa... Que alívio! O choro, o berro, o levantar bravo!

Em segundos, os adultos viram que estava tudo bem. O joelho arranhado, o susto. E logo foram dizendo: "Vamos lá, levante, pegue a bicicleta e vamos andando. Agora, tome cuidado. Se pedalar e ficar olhando pra roda, vai cair de novo".

Primeira lição: ninguém anda de bicicleta olhando pra roda. Quer cair? É fácil: olhe para a roda.

As voltas por cima e as superações da vida são assim, como aprender a andar de bicicleta. Quando caímos, o que mais nossos pais esperam é que soltemos um belo choro, mas que logo estejamos de pé, pegando a bicicleta e voltando a pedalar.

Como conseqüência da queda, o que se espera é que tenhamos aprendido com ela. Não olhar para a roda é uma das coisas básicas. É preciso chegar a um ponto tal de integração com o que estamos fazendo que se torne como se a bicicleta se incorporasse ao nosso corpo e se tornasse parte de nós.

A mesma coisa acontece quando jogamos bola: o bom jogador não olha pra bola.

O bom violonista não olha pro violão.

O bom cantor não olha pro microfone.

O bom digitador não olha pro teclado.

O bom motorista não olha para as marchas.

Superadores são aqueles que pegam nos laços da vida e dão voltas por cima como peões dos acasos. Não são aqueles que ficam olhando para as cordas da vida sem saber o que fazer com elas. São os que miram nos resultados esperados e saem em busca deles.

Se os seus resultados esperados forem dignos, as mãos que conduzem suas trajetórias saberão dar todas as voltas por cima que se fizerem necessárias.

Nosso olhar tem o poder de transformar a nós mesmos.

Nosso olhar tem o poder de transformar a outra pessoa.

Nossa fé tem o poder de mudar o mundo.

De um jeito ou de outro, sempre nos transformamos naquilo em que nossa fé acredita.

Eu creio no seu poder de evolução, aqui, agora e já.

Sim, você pode dar a volta por cima em tudo. Você é *a grande virada.*

A grande virada é a valorização de cada pedacinho do tempo.

A grande virada é amar o que você é, mas ficar arrebatado por tudo o que você pode vir a ser.

A grande virada é viver uma vida sustentável,
criar virtudes sempre, estando por cima ou por baixo.

A grande virada é não lutar contra a regra de ouro superior: transformação perene.

Jamais parar e nunca temer o futuro, pois isso é inevitável.

A grande virada é tirar o melhor daquilo que Deus lhe deu e
aprender a tirar o maior bem do maior mal,
não importa quando, onde e como estiver.

Posfácio

Além dos tesouros conhecidos...

Os campeões celebram suas vitórias, mas têm dentro de si o desejo de escalar a próxima montanha, a vontade de explorar a vida em todas as suas dimensões. Eles não esperam um problema aparecer para buscar novas respostas para sua vida. Eles têm a curiosidade de conhecer o que existe alem da próxima esquina.

Como na história daquele lenhador...

Um lenhador percorria havia anos a mesma floresta. Diariamente, observava com cuidado as árvores, via cada detalhe da mata, o que tornava seu trabalho mais produtivo. E, assim, ia ganhando seu sustento com determinação e paciência.

Certo dia, o lenhador encontrou um sábio meditando na floresta, e os dois começaram a conversar. O lenhador resolveu contar como era difícil seu trabalho diário, sua cansativa rotina de cortar a lenha, carregá-la até a cidade e encontrar um comprador para conseguir algum dinheiro.

Durante a conversa, o sábio perguntou se ele conhecia toda a floresta. O lenhador respondeu:

– Mais ou menos...

O sábio, então, lhe disse:

– Avance, meu filho, existem outros tesouros esperando por você!

E durante muito tempo, toda vez que os dois se encontravam, a saudação do mestre era sempre a mesma:

– Avance, ainda existem muitos tesouros esperando por você!

Mas o lenhador escutava e nada fazia. Um dia, no entanto, decidiu seguir os conselhos do sábio e entrou numa área ainda não explorada da floresta. Olhou em redor e ficou maravilhado. Tudo o que via era diferente: os animais, as árvores, as flores. Andou mais um pouco e, para sua surpresa, encontrou uma mina de prata. Apanhou um pouco do metal e, vendendo-o, conseguiu dinheiro suficiente para sobreviver durante uma semana sem cortar lenha.

A partir de então, passou a ir à floresta apenas uma vez por semana. Ia até a mina, pegava um pouco de prata e a vendia. Estava feliz. Sempre que encontrava o sábio, porém, ele sorria e dizia:

– Avance, ainda existem muitos tesouros esperando por você.

Até que um dia o lenhador resolveu aceitar a provocação do mestre e foi além da mina de prata. Passou por uma área inexplorada e, de repente, deparou com uma mina de ouro. Extraiu quanto pôde do valioso minério e o vendeu no mercado. Era a maravilha das maravilhas, pois o ouro podia render-lhe dinheiro para viver durante um ano sem precisar cortar lenha.

Assim, o lenhador passou a ir à floresta apenas uma vez por ano para extrair ouro da mina. Sempre que encontrava o sábio, porém, este sorria e dizia:

– Avance, ainda existem muitos tesouros esperando por você!

Mas o lenhador não se abalava com a frase do mestre pensando já ter conseguido tudo o que poderia imaginar. Até que um dia novamente resolveu aceitar a provocação e foi além da mina de ouro. Chegou até um local de beleza surpreendente, onde encontrou uma mina de diamantes. Pegou a pedra mais linda que achou, levou-a à cidade e conseguiu dinheiro para nunca mais ter de trabalhar.

Anos mais tarde, contando ao filho a história de sua riqueza, ouviu a seguinte pergunta:

– Pai, mas por que então você continua indo à floresta todos os dias mesmo sem precisar mais de dinheiro?

O velho olhou-o com ternura e, sorrindo, disse:

– Gosto de pensar que sempre existe um novo tesouro esperando por mim!

O campeão é como esse lenhador: sabe que existe sempre um tesouro no próximo movimento. Isso alimenta seu espírito e aquece seu coração. Ele sabe que o prazer de viver é desbravar as fronteiras em busca do próximo tesouro, pois sabe que as pedras que rolam não criam musgo.

Espero que a conversa com o meu amigo Jose Luiz Tejon tenha criado em você o desejo de calçar o tênis, abrir a porta e sair em busca da sua realização interior.

Avance; sempre existirão outros tesouros esperando por você!

Boa viagem.

Com o carinho de sempre,

ROBERTO SHINYASHIKI
Psiquiatra, escritor e palestrante

Bibliografia

Bandler, Richard; Grinder, John. *A estrutura da magia*. Rio de Janeiro: Guanabara Koogan, 1977.

Braun, Lara; Borganovi, Eduardo Castor. *Marias*. Rio de Janeiro: Campus, 2003.

Calvino, Ítalo. *Fábulas italianas*. São Paulo: Companhia das Letras, 1990.

Campbell, Joseph. *O poder do mito*. São Paulo: Palas Athena, 1990.

Comte-Sponville, André. *Pequeno tratado das grandes virtudes*. São Paulo: Martins Fontes, 1995.

Cunha, Odir. *Sonhos mais que possíveis*. São Paulo: Planeta, 2008.

Eldredge, Niles. *The triumph of evolution*. New York: Peter N. Book, 2000.

Fenster, Bob. *Eu não acredito que você fez isso*. São Paulo: Matrix, 2008.

Ferreira, Fabiana. *O fogo não queima a alma*. São Paulo: Gráfica Sinthoresp, 2008.

Gracioso, Francisco. *As novas arenas da comunicação com o mercado*. São Paulo: Atlas, 2008.

Greenberg, Herb; Sweeney, Patrick. *O sucesso tem fórmula?* Rio de Janeiro: Campus Elsevier, 2006.

Hart, Michael H. *As 100 maiores personalidades da história*. Rio de Janeiro: Difel, 2002.

Hesser, Leon. *The man who fed the world*. Dallas: Durban House, 2006.

Irwin, William. *Os Beatles e a filosofia*. São Paulo: Madras, 2007.

Largo, Michael. *Assim morreram ricos e famosos*. São Paulo: Larousse do Brasil, 2008.

Lispector, Clarice. *A paixão segundo GH*. Rio de Janeiro: Rocco, 1998.

Martins, João Carlos. *A saga das mãos*. Rio de Janeiro: Campus Elsevier Editora, 2007.

Mascarenhas, Dulce Tupacyguara. *Bússola*. Brasília: Petry Gráfica e Editora, 2001.

Megido, Victor; Luigi, Mariano. *Brand imagination*. Novara: De Agostini Scuola, 2007.

Osho. *O livro do ego*. Portugal: Pergaminho, 2005.

Panzarani, Roberto. *A viagem das idéias*. São Paulo: Gente, 2006.

Piza, Daniel. *Machado de Assis – Um gênio brasileiro*. São Paulo: Imprensa Oficial do Estado de São Paulo, 2007.

Reyes, Maria Jesus Alava. *La inutilidad del sufrimiento*. Madrid: La Esfera de los Libros, 2003.

Russell, Bertrand. *A conquista da felicidade*. Rio de Janeiro: Ediouro, 2003.

Sartre, Jean-Paul. *O ser e o nada*. Rio de Janeiro: Vozes, 1997.

Shinyashiki, Roberto. *Sempre em frente*. São Paulo: Gente, 2008.

__________. *Pais e filhos, companheiros de viagem*. São Paulo: Gente, 1992.

SILVEIRA, Mauro. *13 histórias que vão inspirar você*. São Paulo: Editora Abril/Você S/A, 2006.

TEJON, Jose Luiz. *O vôo do cisne*. São Paulo: Gente, 2004.

__________. *O beijo na realidade*. São Paulo: Gente, 2005.

TOLEDO, Flavio. *Auto-realização – a evolução humanista*. São Paulo: Edicon, 1988.

UBALDI, Pietro. *A grande síntese*. Rio de Janeiro: Fraternidade Francisco de Assis, 2001.

WATTLES, Wallace et al. *A trilogia do segredo*. São Paulo: Saraiva, 2007.

CONTATOS COM O AUTOR

E-mail: tejon@tejon.com.br

Este livro foi impresso pela
Prol Gráfica em papel *offset* 75 g.